Klaus Mirtitsch

Praxis der Energiearbeit

Das Alpha und Omega der Magie

KI Verlag Esoterik

1. Auflage 2004
Verlag KI-Esoterik Geiger & Mirtitsch OEG
A-9500 Villach, Postgasse 8, www.ki-esoterik.at
Titelbild, Grafik, Satz: Klaus Mirtitsch
Druck & Bindung: Kreiner Druck
Gedruckt in Österreich

ISBN: 3-902193-05-0

Inhaltsverzeichnis

Zum Geleit

Das Arbeiten mit Energie ist eine sehr individuelle Angelegenheit. Dieses Buch mit seinen Beschreibungen und Übungen sollte nur als Hilfsmittel gesehen werden, um daraus eine eigene Form der Energiearbeit zu erschaffen. Die Arten und Formen der Energiearbeit sind unendlich und abhängig vom Wissen und der Vorstellungskraft des Einzelnen. Das Einzige, was bei ein- und derselben Energiearbeit immer gleich ist, sind der Anfang und das Ende. Der Weg dazwischen ist individuell gestaltbar. Es gibt für die gleiche Sache immer verschiedene Verpackungen.

Die gegebenen Richtlinien sind nicht unumstößlich und sollten von jedem, der dieses Buch praktisch verwendet, für sich selbst überprüft werden. Empfehlenswert ist, die Richtlinien für den Anfang zu befolgen und sie nach einiger Erfahrung in der gegebenen Form der Energiearbeit zu überprüfen und – wenn notwendig – für sich umzugestalten.

Als Voraussetzung für diese Art der Energiearbeit ist es wichtig, an eine für das Auge nicht sichtbare Welt zu glauben. Diese unsichtbare Welt scheint zwar sehr phantastisch, ist aber nach genauen Gesetzmäßigkeiten aufgebaut. Diese Gesetzmäßigkeiten sind heute noch kosmische, spirituelle Gesetze und morgen schon naturwissenschaftliche.

Einige der beschriebenen Übungen erscheinen zu Beginn beinahe unmöglich. Wenn aber konsequent geübt wird, am Anfang auch ohne sichtbaren Erfolg, dann ist jede zu schaffen und zu erlernen. Zeit spielt bei dieser Arbeit keine Rolle. Mehr ist nicht zu sagen. Ich wünsche dir viel Spaß und Freude beim Durcharbeiten dieses Buches.

1. Was ist Energie?

Energie ist in der Welt der Spiritualität das Wort für die verschiedensten Kräfte des Universums, die grundlegend gewisse Eigenschaften miteinander teilen.

> Energie ruft Veränderung hervor.
>
> Energie selbst ist immer neutral.
>
> Energie ist formbar.
>
> Energie geht nie verloren.
>
> Energie zieht Gleiches an.

Wenn ich hier von Energien spreche, sind das meist solche, die wir mit unseren physischen Augen nicht sehen können und die mit Messgeräten gar nicht oder nur begrenzt messbar sind. Trotzdem müssen wir lernen, sie in unser Leben zu integrieren, um sie nutzen zu können.

Alles, was es gibt, besteht aus Energie, meist sogar aus einer Mischung verschiedenster Energien. Sie kann in den unterschiedlichsten Dichtheitsgraden vorkommen. Ist sie mit unseren physischen Augen wahrnehmbar, ist es eine grobstoffliche, eine verdichtete Energie wie zum Beispiel Wasser, Steine, Knochen, einfach alles, was Materie ist. Aber auch Gefühle und Gedanken sind Energien. Es sind feinstofflichere als Materie.

So ist der Mensch ein bestimmtes Energiesystem, welches sich in anderen Energiesystemen bewegt und mit diesen in Wechselwirkung steht. Die Wechselwirkung ist die Fähigkeit, Energie zu lenken und dadurch zu kontrollieren, in welcher Form sie von uns ausströmt und zu uns zurückkehrt.

Unterbewusst arbeitet jeder von uns ständig mit Energie, aber nur soweit, um überleben zu können. Da wird jeden Tag nur soviel Kraft aufgenommen, wie für den normalen Alltag notwendig ist. Wenn dann etwas Unvorhergesehenes passiert, wird Energie verbraucht, die für den Tagesablauf kalkuliert war. So entsteht ein Energiedefizit. Die Folgen sind Erschöpfung, Niedergeschlagenheit, Aggression, Stress und alle Folgeerscheinungen.

Wenn jemand nun beginnt, Energien bewusst zu lenken und dadurch auch aufzunehmen, wird er immer mehr Energie als unbedingt notwendig ist zur Verfügung haben, um nicht nur zu leben, sondern gut zu leben. Weiters kann er sich durch seinen Energieüberschuss Spontaneität leisten, und ist bei allem, was er macht, konzentrierter. Entsteht trotzdem einmal ein Energiedefizit, kann die Person sich in kürzester Zeit wieder aufladen.

2. Wie gehe ich mit Energie um?

Energie selbst ist immer neutral. Das bedeutet aber nur, dass sie immer ihren Eigenschaften entsprechend auf andere Energien reagiert.

Wenn die Energie Feuer auf die Energie Wasser trifft, dann treffen sich zwei entgegengesetzte Kräfte und sie werden sich nicht vertragen. Es kommt an der Berührungsfläche zu einer Umwandlung der beiden Energien und gleichzeitig zu einer Verschmelzung.

Wenn die Energie Feuer aber auf die Energie Sauerstoff trifft, so wird die Energie Feuer gestärkt, da die beiden Kräfte gleich gerichtet sind.

Immer wenn sich zwei verschiedene Energien oder Energiesysteme treffen, versuchen sie in eine Wechselwirkung entsprechend ihrer Natur zu kommen. Je verwandter die Energien sind, also je mehr Eigenschaften sie teilen, desto harmonischer wird die Wechselwirkung sein. Treffen zwei gleiche Energien aufeinander, verschmelzen sie und werden zu einer. Treffen sich zwei entgegengesetzte Kräfte, werden sie durch ihre Wechselwirkung versuchen, einen Ausgleich zu schaffen. Sie opfern einen Teil von sich und verbinden sich in diesem Teil zu etwas Neuem, sind aber selbst geschwächt. Diese so neu entstandene Kraft hat ihre eigene individuelle Prägung, resultierend aus den Eigenschaften beider Grundenergien. Der Verbindungsprozess sieht für den Beobachter wie ein Zerstörungsprozess aus, ist aber ein Schöpfungsakt. Als grobstoffliches Beispiel ist eine Explosion genau so ein Prozess.

Für das Energiesystem Mensch gilt das gleiche wie für jede andere Energie. Trifft er auf eine Energie, die ihm entgegengerichtet ist, gibt er einen Teil von sich her und wird dadurch geschwächt. Trifft er auf eine Energie, die ihm gleichgerichtet ist, wird er gekräftigt. In allen Gebieten des Lebens kann dies beobachtet werden, ob im Körper oder im Umfeld.

Durch diese Eigenarten von Energie ist es wichtig, mit Energien achtsam umzugehen und sie nicht willkürlich hervorzurufen. Wenn eine Energie erzeugt wird, dann sollte sie auch verwendet oder wieder abgebaut werden. Auch sollte man kein anderes Energiesystem zwangsbeglücken.

Ein typisches Beispiel für Zwangsbeglückung mit Energie ist, wenn ein Person einer anderen etwas Gutes tun will und eine Energie bewusst in deren Körper schickt. Die richtige Methode ist, die Energie in das Umfeld der Person zu schicken und sich vorzustellen, dass sie von dieser Energie umgeben ist. So hat die Person jederzeit die Möglichkeit, die Energie aufzunehmen, wenn sie diese benötigt und sie es wünscht. In diesem Fall ist ihr freier Wille nicht verletzt.

Energien, die versuchshalber hervorgerufen werden, muss man nach der Übung wieder auflösen, da es sonst möglich ist, dass diese Energie bei anderen Personen, die anwesend sind, aktiv werden. Energien lösen sich nicht von alleine auf sondern können sich nur durch den Kontakt mit anderen Energien umwandeln oder rückverwandeln.

3. Wie erkenne ich Energie?

Jede Energie hat ihre ganz individuelle Prägung. Auf Grund dieser Prägung lassen sich Energien erkennen. Zur Identifizierung werden meist verschiedene Hilfsmittel verwendet wie Pendel, Ruten, Tensoren, Federn. Diese Hilfsmittel sind aber nur am Anfang notwendig. Später sind sie eher hinderlich. Jedes Hilfsmittel kann nur eine begrenzte Anzahl von verschiedenen Energien anzeigen, da die Zeigemethode in Form einer bestimmten Bewegung erfolgt. Weiters gibt es Probleme bei Energiesystemen, da hier mehr als eine Energie vorhanden ist.

Menschen, die sich über einige Zeit mit Energien beschäftigt haben, entwickeln automatisch ein gewisses Feingespür, mit dessen Hilfe sie Energien unterscheiden. Dieses Feingespür kann unterschiedliche Ausdrucksformen annehmen. Die wichtigsten Ausdrucksformen möchte ich besprechen:

a. Sensibilisierung der Handflächen

b. Sensibilisierung der Augen

c. Sensibilisierung des Bewusstseins

d. Sensibilisierung des Gehörs

e. Sensibilisierung des Geruchs

a. Sensibilisierung der Handflächen

Die häufigste Form ist das Sensibelwerden der Handflächen. Menschen mit dieser Fähigkeit halten die Hand über die zu erkennende Energie und können auf Grund einer Gefühlsänderung in der Hand die Energie identifizieren. Die Art der Gefühlsänderung ist von Mensch zu Mensch verschieden und keiner Norm unterworfen. Energien müssen zuerst erforscht werden, um zu erkennen, welche Eigenschaften sie haben. Auf Grund ihrer Eigenschaften kann dann auf die Art der Energie geschlossen werden. Eine einmal erforschte Energie ist dann leicht zu erkennen.

b. Sensibilisierung der Augen

Entsteht eine Sensibilisierung der Augen, kann ein solcher Mensch ein mit dem geistigen oder feinstofflichen Auge wahrgenommenes Bild über das grobstofflich wahrgenommene Bild legen und so die verschiedenen Energien erkennen. Die Art und Weise, wie die Energien gesehen werden, ist von Mensch zu Mensch verschieden. Meist sind es unterschiedliche Farben, die aber auch in ihrer Bedeutung individuell sind.

c. Sensibilisierung des Bewusstseins

Bei einer Sensibilisierung des Bewusstseins tritt der menschliche Geist in direkten Kontakt mit der Energie. Er kann so augenblicklich die Eigenschaften und die Art der Energie erfahren. Diese Form der Energieerkennung wird häufig mit dem Vorstadium aller Formen verwechselt. Zur Erklärung schildere ich dieses Vorstadium. Wenn eine Person beginnt, Energien zu erspüren, lernt sie nur eine bereits vorhandene unterbewusst arbeitende Fähigkeit bewusst zu nutzen. Je weiter diese Fähigkeit in das Bewusstsein rückt, desto öfter wird diese Person scheinbar intuitiv oder gefühlsmäßig eine Energie erkennen. Dies ist aber nur die Antwort ihrer unterbewusst voll ausgeprägten Fähigkeit der Energieerkennung und muss nicht unbedingt die Sensibilisierung des Bewusstseins sein. Es kann jede Form der Energieerkennung sein. Bei einer Sensibilisierung des Bewusstseins bekommt die Person ein komplexes gedankliches Bild der Energie. Aber nicht wie ein Geistesblitz, sondern konstant und voll bewusst.

d. Sensibilisierung des Gehörs

Wenn sich das Gehör sensibilisiert, wird bei der Untersuchung einer Energie eine spezielle Tonfrequenz oder Tonfolge, welche auf die Zusammensetzung oder Art der Energie schließen lässt, gehört. Daher kommt der Begriff Sphärenmusik.

e. Sensibilisierung des Geruchs

Erfolgt die Wahrnehmung von Energie über den Geruch, wird eines der ältesten Zentren des menschlichen Gehirns verwendet.
Über die Nase werden feine Vibrationen in der Atmosphäre aufgenommen und von den Rezeptoren, die auch für das Riechen zuständig sind, in Geruchsinformationen umgewandelt. Diese Form wird hin und wieder auch als Instinkt bezeichnet.

Alle verschiedenen Formen der Energieerkennung können gemeinsam auftreten. Auch können sie bewusst geschult und erweckt werden. Sind sie einmal im Bewusstsein, stehen sie immer zum Gebrauch bereit. Wichtig ist, dass die gesammelten Informationen genau analysiert werden.

Übung 1

Erkennen von Energien mit Hilfe des Pendels

Begonnen wird so, dass das Pendel mit zwei Fingern in einer Länge von ungefähr 10 bis 15 cm frei in der Luft gehalten wird. Es ist wichtig, sich dabei bewusst zu sein, dass dieses Pendel nur ein Zeigemittel der eigenen unterbewussten Fähigkeit der Energieerkennung ist. Die Schulter und der Oberarm sollten entspannt sein, damit sich der Arm frei bewegen kann. Jetzt wird die Frage „Was bedeutet ja?“ laut oder flüsternd an das Pendel gestellt. Es folgt eine neutrale Beobachtungsphase in der versucht wird, das Pendel nicht durch einen Wunsch oder den Willen zu beeinflussen. Beginnt sich das Pendel regelmäßig zu bewegen, wird die Form der Antwort auf diese Frage aufgezeichnet. Bewegt sich das Pendel nach einiger Zeit aber noch immer nicht, wird der Versuch mit zwei anderen Fingern wiederholt. Es kann auch vorkommen, dass ein Handwechsel erforderlich ist. Das gleiche Verfahren wird nun mit folgenden Fragen wiederholt.

Was bedeutet nein?
Wie zeigst du mir positive Energie an?
Wie zeigst du mir negative Energie an?

Sind diese Fragen geklärt, kommen wir zur richtigen Fragestellung. Alle Fragen müssen mit einer der oben definierten Antwortformen beantwortbar sein.

Sie sollten kurz und klar formuliert werden. Je genauer die Frage, desto genauer die Antwort.
Bei den Fragen über positive oder negative Energie ist immer ein Bezugssystem einzubeziehen.

Zum Beispiel :

Wirkt die Energie dieses Steines positiv oder negativ auf mich?

Wirkt die Energie dieses Ortes positiv oder negativ auf meine Konzentration?

Übung 2

Sensibilisierung der Handflächen

Zur Schulung der Handflächen eignen sich sehr gut Edelsteine, da sie eine gut wahrnehmbare natürliche Ausstrahlung haben. Ich empfehle als erstes die Verwendung von drei verschiedenen Edelsteinen. Den Bergkristall, den Schneeflockenobsidian und den roten Jaspis.
Alle drei Steine werden nebeneinander im Abstand von ungefähr 25 cm aufgelegt. Anschließend wird die offene Handfläche im Abstand von 4 bis 10 cm neben den Steinen über einen leeren Bereich der Fläche gehalten. Der ganze Arm sollte locker und entspannt sein. Die Konzentration und Beobachtung wandert nun in die Hand, um sie bewusst wahrzunehmen. Wie fühlt sich die Hand an? Sobald dir das

Gefühl in der Hand bewusst ist, wird die Hand in der gleichen Höhe über den ersten Stein geführt. Versuche jetzt die Veränderung der Energie zu erspüren. Diese Änderung des Gefühls kann in der Hand sein, aber auch in spezielle Körperregionen ziehen. Gefühle wie Ausdehnung, Zusammenziehung, Kribbeln, Wärmeunterschiede, Ziehen, Schmerzen, Stechen, schwere, spontane Müdigkeit und viele mehr können auftreten.
Die Hand sollte ungefähr 1 Minute über den Stein gehalten werden. Während dieser Zeit beobachtest du das Gefühl in ihr. Danach wird die Beobachtung so genau wie möglich schriftlich festgehalten. Auch keine Veränderung des Gefühls ist eine Wahrnehmung und wird notiert.
Das Gleiche wird jetzt mit den anderen Steinen gemacht. Die Notizen sollten für jeden Stein auf einem eigenen Blatt gemacht und mit Datum versehen werden.
Durch die Konzentration auf die Hand und das bewusste Erspüren von Energie kommt es vor, dass sich Energien in der Hand sammeln. Dies ist durch lockeres in die Hände Klatschen leicht zu neutralisieren. Bitte nicht abschütteln. Durch das Abschütteln der Hände wird die Energie nicht neutralisiert sondern nur aus der körpereigenen Energie gelöst und in die Richtung des Abschüttelns geschossen, wo sie dann irgendwo kleben bleibt und wartet, eine Wechselwirkung einzugehen.
Energien sind sehr geduldig und können so klebend Jahrtausende überdauern.

Übung 3

Sensibilisierung der Handflächen.

Für diese Übung werden verschiedenfarbige Bälle mit einem Durchmesser von ungefähr 7 cm benötigt. Die Farben sollten leuchtend und klar sein. Am besten Rot, Grün, Gelb, Blau, Weiß, Schwarz. Jeder dieser Bälle wird wie in Übung zwei energetisch analysiert, um die Verschiedenheit der Farbenergie zu erkennen.
Anschließend werden die Bälle in einen undurchsichtigen Sack gegeben und so gehalten, dass es möglich ist hinein zu greifen aber nicht hinein zu sehen. Jetzt versucht man der Reihe nach, bewusst die verschiedenen Farben herauszuholen und nur mit Hilfe der Energieanalyse zu erkennen.
Übung macht den Meister!

4. Welche Arten von Energie gibt es?

Im Grunde genommen gibt es nur eine Art von Energie, aus der alles entstanden ist. Sie hat die verschiedensten Namen wie Urstoff, Urlicht, Akasha, Äther usw. Wie es dazu kam, dass aus ihr alle anderen Energien entstanden sind, ist eine Frage, die bis heute mit unzähligen Theorien beantwortet wurde, aber keine dieser Theorien ist beweisbar. Das Einzige, das feststeht ist, dass es passiert ist.

In der Energieentstehungsgeschichte heißt es, dass als erstes aus diesem Urstoff das Element Feuer hervorgegangen ist. Dieses Element ist aktiv und sich ausbreitend - das Licht. Dadurch ist gleichzeitig das Element Wasser entstanden. Es ist passiv, sich zusammenziehend, die Dunkelheit. Diese ersten beiden Elemente sind das genaue Gegenteil und bilden das aktive und das passive Prinzip, welches in allem enthalten ist. Die Dualität ist entstanden. Dadurch kam und kommt es zwischen ihnen zu einer sehr explosionsartigen Reaktion, bei der das Luftelement entsteht. Dieses Luftelement hat nun gewisse Eigenschaften des Feuers und des Wassers in sich vereint. Es ist vollkommen neutral und der Schatten. Alle drei zusammen ergeben das Erdelement. Es ist aktiv durch das Feuer, passiv durch das Wasser und neutral durch die Luft. Licht, Dunkelheit und Schatten werden miteinander vereint. Diese vier Elemente sind die energetischen Grundbausteine des Universums. Keines dieser Elemente kommt in seiner reinen Form in der Materie vor. Ihre Namen sind nur Annäherungen an uns bekannte Energien. Räumlich beschrieben ist das Feuer ein Punkt und das Wasser eine Linie. Werden diese beiden verbunden entsteht daraus ein Dreieck, die Luft. Die Zweidimensionalität ist geboren. Die Erde dazu bringt einen vierten Punkt, der mit allen drei Ecken des Dreieckes verbunden wird. Es entsteht so das erste Mal ein dreidimensionaler Körper. Eine Art von Prisma oder kristalliner Form.

In diesem Stadium ist alles für die weitere Entstehung des Kosmos gerichtet. Die Urenergie trifft auf dieses Prisma und verhält sich gleich wie weißes Licht, das auf ein Prisma trifft. Es wird in sieben Farben oder Strahlen gebrochen. Jeder Strahl enthält nun einen ganz speziellen Aspekt des Urlichtes und durchstrahlt den frisch geborenen Kosmos.

Durch diese sieben Strahlen wird die uns bekannte Materie in ihren verschiedenen Aspekten geformt und belebt. Je mehr verschiedene Strahlen die daraus entstehenden Lebewesen in sich tragen, desto höher entwickelt und vielseitiger sind die Lebewesen.

Der Mensch ist eines der Lebewesen, der alle sieben Strahlen in sich vereint. Sie drücken sich in ihm als die sieben Hauptchakren aus.

5. Die Grundenergien

Jede der angeführten Energien kann auch als Ebene angesehen werden, in der spezielle Lebewesen leben und arbeiten. Alle haben Bewusstsein und Intelligenz. Die vier Grundenergien Feuer, Wasser, Luft und Erde werden die vier Elementarreiche genannt. In ihnen leben verschiedene Arten von Elementarwesen, deren Fähigkeiten und Charakter entsprechend ihrem Element gestaltet sind. Sie können außerhalb ihres Elementes oder einer artverwandten Energie nicht existieren. Die Ebenen der sieben kosmischen Strahlen werden von verschiedenen Engelwesen bewohnt. Ihre Fähigkeiten sind um vieles umfangreicher als die der Elementarwesen. Sie können in allen Energien schöpferisch arbeiten, sie lenken und formen. Der Mensch besteht aus allen diesen Energien und hat die unterschiedlichsten Möglichkeiten, ihre Eigenschaften auszuleben.

Bei der Beschreibung der vier Elemente weiche ich bei den Himmelsrichtungen von vielen Systemen ab. Der Grund dafür ist die Analogie der Elemente selbst. Meistens wird das Wasser dem Westen zugeordnet und die Erde dem Norden. Ich verwende die hermetische Zuordnung, die genau umgekehrt ist. Der Analogie nach ist der Norden die Dunkelheit und die Kälte. Beides Eigenschaften von Wasser. Der Westen steht für Ruhe, Geborgenheit und den Schlaf. Diese Eigenschaften gehören zum Element Erde.

5.1. Feuer

Tattwa Name:	Tejas
Grundeigenschaften:	Hitze, Ausdehnung, Licht
Gottesidee :	Allmacht
Farbe :	Feuerrot
Ladung:	Elektrisch
Körperregion :	Der Kopf
Temperament :	Cholerisch
Elementarwesen:	Salamander, Feuergeister
Symbol :	Schwert, Dolch, Dreizack
Geometrische Figur:	Ein runder Punkt
Himmelsrichtung:	Süden
Tageszeit:	Mittag
Jahreszeit:	Sommer
Positive Eigenschaften:	Aktivität, Begeisterung, Eifer, Mut, Entschlossenheit, Schöpfungskraft, Strebsamkeit, usw
Negative Eigenschaften:	Eifersucht, Reizbarkeit, Streitsucht, Unmäßigkeit, Selbstzerstörung, Aggression, Brutalität, Gewalt, usw
Räucherwerk:	Koriander, Zimt, Nelke, Aloe, Sandelholz, Weihrauch, Kardamon, Zeder, Safran
Artverwandte Energien:	Feuer, Sonne, Gold, Wüste, Sauerstoff, Tag, Sommer, Samen, Alkohol, Sport

Das Feuer steht für den Willen des Menschen.

5.2. Wasser

Tattwa Name:	Apas
Grundeigenschaften:	Kälte, Zusammenziehung, Dunkelheit
Gottesidee :	Allliebe
Farbe :	Grasgrün
Ladung:	Magnetisch
Körperregion :	Der Bauch
Temperament :	Melancholisch
Elementarwesen:	Nixen, Undinen
Symbol :	Kelch
Geometrische Figur:	Ein gerader Strich
Himmelsrichtung:	Norden
Tageszeit:	Mitternacht
Jahreszeit:	Winter
Positive Eigenschaften:	Achtung, Barmherzigkeit, Liebe, Bescheidenheit, Meditation, Ernst, Zärtlichkeit, Stille, Verzeihung, usw
Negative Eigenschaften:	Depression, Schüchternheit, Trauer, Abhängigkeit, Gleichgültigkeit, Teilnahmslosigkeit, usw
Räucherwerk:	Lavendel, Rose, Myrte, Moschus, Muskartnuß, Salbei, Fenchel, Thuja, Vanille
Artverwandte Energien:	Wasser, Mond, Silber, Nacht, Meditation, Quellen, Flüsse, Meer, Perlen, Perlmut, Stille

Das Wasser verkörpert das Gefühl des Menschen.

5.3. Luft

Tattwa Name:	Waju
Grundeigenschaften:	Wärme und Feuchtigkeit, Leichtigkeit, Schatten
Gottesidee :	Weisheit, Allwissen
Farbe :	Himmelblau
Ladung:	Neutral
Körperregion :	Der Brustraum
Temperament :	Sanguinisch
Elementarwesen:	Elfen, Feen
Symbol :	Der Stab
Geometrische Figur:	Das gleichseitige Dreieck
Himmelsrichtung:	Osten
Tageszeit:	Sonnenaufgang
Jahreszeit:	Frühling
Positive Eigenschaften:	Fleiß, Freude, Gewandtheit, Klarheit, Optimismus, Kommunikationsfreude, Überzeugungskraft, Musik, usw
Negative Eigenschaften:	Geringschätzung, Tratschsucht, Überheblichkeit, Unehrlichkeit, nachtragend, Sprunghaftigkeit, usw
Räucherwerk:	Eukalyptus, Minze, Lorbeer, Anis, Kampfer, Ingwer, Birkenrinde und Laub
Artverwandte Energien:	Luft, Berge, Morgenstunden, Musik, Tanz, Feste, Kommunikation, Rauch, Atmen, Singen

Die Luft verkörpert den Intellekt des Menschen.

5.4. Erde

Tattwa Name:	Prithivi
Grundeigenschaften:	Erstarrend, Schwere, Kristallin
Gottesidee :	Allbewusstsein
Farbe :	Hellbraun
Ladung:	Elektromagnetisch
Körperregion :	Beine, Muskeln, Knochen
Temperament :	Phlegmatisch
Elementarwesen:	Zwerge, Gnome
Symbol :	Die Scheibe oder das Schild
Geometrische Figur:	Quadrat, Tetraeder
Himmelsrichtung:	Westen
Tageszeit:	Sonnenuntergang
Jahreszeit:	Herbst
Positive Eigenschaften:	Ansehen, Ausdauer, Sachlichkeit, Gewissenhaftigkeit, Zielbewusstheit, Bedachtsamkeit, Entschlossenheit, usw
Negative Eigenschaften:	Fahrlässigkeit, Unbewusstheit, Faulheit, Schwerfälligkeit, Trägheit, Müdigkeit, Wortkargheit, Unentschlossenheit, usw
Räucherwerk:	Benzoe, Myrrhe, Vetiver, Tanne, Wacholder, Schwarzer Weihrauch, Moos, Propolis
Artverwandte Energien:	Erde, Steine, Höhlen, Trommeln, Essen, Schlafen, Sammeln, Reichtum, Wurzeln, Bitter, Salz

Die Erde ist das Ich-Bewusstsein.

5.5. Der 1. Strahl

Flammenfarbe :	Saphirblau mit kristallweißer Strahlung	
Eigenschaften :	Wille Gottes, Macht, Stärke, Glaube, Schutz, Vertrauen	
Chohan :	El Morya	
Erzengel :	Michael	
Metall :	Gold	
Edelsteine :	Blauer Saphir, Aquamarin, Lapislazuli, blauer Topas, Iolith	
Planet :	Sonne	
Wochentag:	Sonntag	
Essener Engel:	Himmel Vater:	Vater Himmel selbst
	Erden Mutter:	Mutter Erde selbst

5.6. Der 2. Strahl

Flammenfarbe :	Goldgelb mit goldener Strahlung	
Eigenschaften :	Erleuchtung, Weisheit, Verständnis, Beständigkeit	
Chohan :	Kuthumi	
Erzengel :	Jophiel	
Metall :	Silber	
Edelsteine :	Goldtopas, Citrin, Bernstein	
Planet :	Mond	
Wochentag:	Montag	
Essener Engel:	Himmel Vater:	Engel des ewigen Lebens
	Erden Mutter:	Engel der Fruchtbarkeit

5.7. Der 3. Strahl

Flammenfarbe :	Rosa mit goldener Strahlung	
Eigenschaften :	Liebe, Anbetung, Barmherzigkeit	
Chohan :	Maha Chohan	
Erzengel :	Chamuel	
Metall :	Kupfer	
Edelsteine :	Rosenquarz, Rosa Kunzit, Rhodochrosit, Rhodonit	
Planet :	Venus	
Wochentag:	Dienstag	
Essener Engel:	Himmel Vater:	Engel der schöpferischen Arbeit
	Erden Mutter:	Engel des Lichtes

5.8. Der 4. Strahl

Flammenfarbe :	Kristallin, klar	
Eigenschaften :	Reinheit, Hoffnung, Auferstehung, Aufstieg, karmische Absolution	
Chohan :	Serapis Bay	
Erzengel :	Gabriel	
Metall :	Platin, Quecksilber	
Edelsteine :	Diamant, Bergkristall, Phantomquarz, Herkimer Diamant	
Planet :	Merkur	
Wochentag:	Mittwoch	
Essener Engel:	Himmel Vater:	Engel des Friedens
	Erden Mutter:	Engel der Freude

5.9. Der 5. Strahl

Flammenfarbe :	Smaragdgrün mit goldener Strahlung	
Eigenschaften :	Wahrheit, Weihung, Heilung, Wissenschaft, Konzentration, Geduld	
Chohan :	Hilarion	
Erzengel :	Raphael	
Metall :	Zinn	
Edelsteine :	Smaragd, Olivin oder Peritot, grüner Turmalin	
Planet :	Jupiter	
Wochentag:	Donnerstag	
Essener Engel:	Himmel Vater:	Engel der Kraft
	Erden Mutter:	Engel der Sonne

5.10. Der 6. Strahl

Flammenfarbe :	Rubinrot mit goldener Strahlung	
Eigenschaften :	Friede, Dienen, Freude, Anmut, Gnade	
Chohan :	Lady Nada	
Erzengel :	Uriel	
Metall :	Eisen	
Edelsteine :	Rubin, Carneol, Roter Turmalin	
Planet :	Mars	
Wochentag:	Freitag	
Essener Engel:	Himmel Vater:	Engel der Liebe
	Erden Mutter:	Engel des Wassers

5.11. Der 7. Strahl

Flammenfarbe :	Violett mit Purpur-Strahlung	
Eigenschaften :	Freiheit, Transformation, Rhythmus, Zeremoniell, Demut, Magie	
Chohan :	Saint Germain	
Erzengel :	Zadkiel	
Metall :	Blei	
Edelsteine :	Violetter Saphir, Amethyst, Sugilit	
Planet :	Saturn	
Wochentag:	Samstag	
Essener Engel:	Himmel Vater:	Engel der Weisheit
	Erden Mutter:	Engel der Luft

5.12. Energieeinteilung im Menschen

Der Mensch besteht aus allen vorher beschriebenen Energien. Die vier Grundenergien, Feuer, Wasser, Luft und Erde sind verschiedenen Körperabschnitten und den dort liegenden Organen zugeordnet. Der Kopfbereich mit dem Gehirn und den meisten Sinnesorganen ist das Zentrum des Willens und dadurch Feuer. Der Brustbereich mit der Lunge ist der Luft zugeordnet. Der Bauchraum ist das Zentrum der Körpersäfte. Er ist für die Zersetzung der Nahrung zuständig wie auch für deren Aufname in den Körper. Dadurch ist dieser Bereich dem Wasser zugeordnet. Die Beine und das gesamte Muskel- und Knochensystem stehen für die Erde. Durch sie kommt die materielle Kraft und Standhaftigkeit zum Ausdruck. Die rechte Seite des Menschen ist immer den aktiven und die linke immer den passiven Eigenschaften der Elemente zugeordnet.

Die sieben Strahlen sind im menschlichen Körper den sieben Hauptchakren zugeordnet. Chakren sind Energiezentren des Körpers, die verschiedene energetische und kommunikative Aufgaben haben. Jedes Chakra beinhaltet alle sieben Strahlen und ist für einen anderen Aspekt des Ausdrucks zuständig.

Alle Chakren sind gleich wichtig für den Menschen. Wenn eines vernachlässigt oder hervorgehoben wird, führt das zu einer Disharmonie innerhalb des gesamten energetischen Systems des Menschen.

Das Wurzel - Chakra wird allgemein als das Zentrum der niederen Triebe des Menschen bezeichnet. Es hat aber außer der Selbsterhaltung und Arterhaltung auch die Aufgabe, den Menschen mit der Erde zu verbinden. Es ermöglicht die Kommunikation und Handlung mit und in der Materie. Jeder materielle Ausdruck benötigt dieses Zentrum.
Liegt eine Störung im Wurzel - Chakra vor, ist der Mensch unrealistisch, abgehoben und weltfremd oder triebhaft, gierig und träge.

Das Nabel - Chakra ist das Gefühlszentrum im Menschen. Es ist der Sitz der Kreativität und des spielerischen Umgangs mit der Sexualität. Weiters die Fähigkeit zur Spontaneität. Es ermöglicht Kommunikation und Handlungen im Gefühlsbereich des Menschen. Jede Gefühlsregung ist Ausdruck dieses Zentrums.
Liegt eine Störung im Nabel - Chakra vor, ist der Mensch gefühlskalt, lustlos und depressiv oder manisch, sprunghaft und launisch.

Das Solarplexus - Chakra ist das Machtzentrum im Menschen. Es ist der Sitz des Selbstbewusstseins und des Intellekts. Außerdem entstehen hier die Durchsetzungskraft und die Vernunft. Es ermöglicht die intellektuelle und logische Kommunikation. Jeder intellektuelle oder logische Gedanke ist Ausdruck dieses Zentrums.
Liegt eine Störung im Solarplexus - Chakra vor

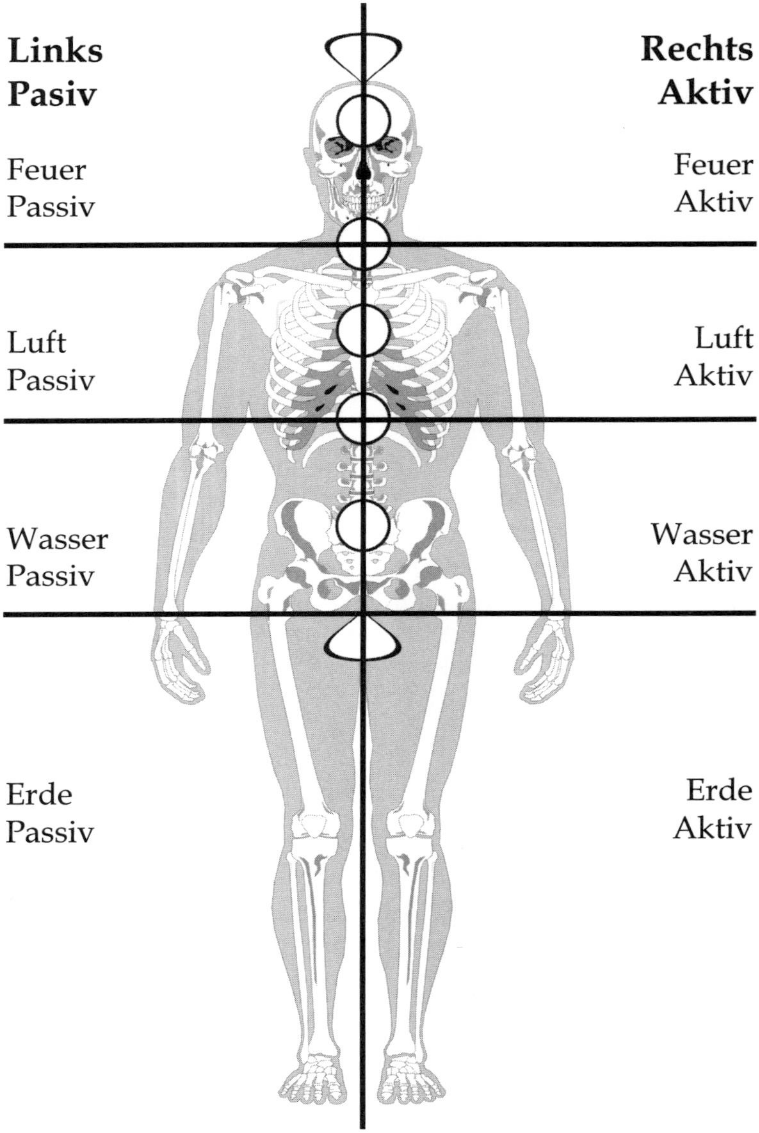
Links
Pasiv
Rechts
Aktiv
Feuer
Passiv
Feuer
Aktiv
Luft
Passiv
Luft
Aktiv
Wasser
Passiv
Wasser
Aktiv
Erde
Passiv
Erde
Aktiv

ist der Mensch unbeherrscht, gedankenlos und unvernünftig oder machthungrig, unnachgiebig und in Normen verhaftet.

Das Herz - Chakra ist das Zentrum der Liebe im Menschen. Es ist der Sitz der Selbstachtung und Fremdachtung. In ihm entstehen Toleranz und Mitgefühl. Es ermöglicht den liebevollen und höflichen Umgang mit allem. Immer wenn eine Form der Verbundenheit vorhanden ist, ist das ein Ausdruck dieses Zentrums.
Liegt eine Störung im Herz - Chakra vor, ist der Mensch intolerant, einsam und ohne Achtung oder einnehmend und ohne Abgrenzung.

Das Hals - Chakra ist das Zentrum der Kommunikation. Es ermöglicht den Austausch mit anderen Energiesystemen. In ihm entstehen die Fähigkeit des Ausgleiches zwischen Gegensätzen und die Übersetzung verschiedenster Arten der Kommunikation. Bei jedem Energieaustausch ist dieses Zentrum dafür zuständig.
Liegt eine Störung im Hals - Chakra vor, ist der Mensch wortkarg, kompromisslos und verständnislos oder redesüchtig, beeinflussbar und ausnützend.

Das Stirn - Chakra ist das Zentrum der Spiritualität. Es ermöglicht die Verbindung und die Kommunikation mit anderen Ebenen. Hier entsteht die Ethik, nach der ein Mensch lebt. Auch der Wunsch nach Weiterentwicklung und Trans-

formation kommt aus diesem Zentrum. Immer wenn es darum geht, Neues zu erfahren, ist dieses Zentrum dafür zuständig.
Liegt eine Störung im Stirn - Chakra vor, ist der Mensch ohne Ziel, misstrauisch und hält am Alten fest oder ist sektiererisch, weggetreten und fanatisch.

Das Scheitel - Chakra ist das Zentrum der Verbindung zur Göttlichkeit. Es ist der Sitz der Intuition und der Verbindung zum eigenen Selbst. Hier entstehen der Glaube des Menschen und die Verbindung zur Urkraft. Immer wenn ein Mensch eine Idee oder Eingebung hat, ist dieses Zentrum aktiv.
Liegt eine Störung im Scheitel - Chakra vor ist der Mensch ideenlos, ohne Glauben und kraftlos oder asketisch, dogmatisch und unnahbar.

Übung 4

Farbenintegration
Diese Übung soll die Energie der sieben Chakren anregen und ihre Energien in uns und unser Leben integrieren. Es wird der Reihe nach Glanzpapier in den entsprechenden sieben Farben aufgelegt. Den Beginn macht die Farbe rot, dann orange, gelb, grün, hellblau, dunkelblau und violett. Jede der Farben wird 5 Minuten verwendet. Während dieser 5 Minuten wird mit Hilfe des Atems eine Verbindung

zur Farbe und ihren Eigenschaften hergestellt. Der Atem sollte im natürlichen Rhythmus fließen. Beim Ausatmen atmest du zur Farbe hin und beim Einatmen von der Farbe zu dir.

Übung 5

Elementeintegration
Diese Übung soll die Energie der vier Elemente in dir und deinem Leben integrieren. Du benötigst dafür eine Kerze, eine Schale Wasser und eine Schale Erde. Begonnen wird mit der Schale Erde. Stelle gleich wie bei der Farbenintegration eine Verbindung über den Atem mit der Erde her und verwende deine Hände als Sensoren. Lege sie locker auf die Erde. Die Übung sollte wieder 5 Minuten dauern. Das Gleiche wird anschließend mit der Luft gemacht, wobei die Hände mit den Handflächen nach oben in eine bequeme Haltung gebracht werden. Dann mit dem Wasser, wo die Finger in die Schale mit Wasser eingetaucht werden. Und zum Schluß mit dem Feuer. Hier werden die Handflächen so gehalten, dass der Abstand zur Flamme der Kerze angenehm ist.

6. Hilfsmittel bei der Energiearbeit

Hilfsmittel sind trainierte Fähigkeiten oder Gegenstände, die uns helfen, mit Energien zu arbeiten. Es gibt zwei Arten von Hilfsmitteln: Solche, die notwendig sind, um mit Energien zu arbeiten, und solche, die unseren Glauben an uns selbst und die Energie verstärken.

6.1. Das Bilderdenken

Die meisten Menschen auf der Erde sind Wortdenker. Ihre Gedanken laufen in Worten ab und nur selten in Bildern. Worte bestehen aus Buchstaben, welche in unserer Sprache alleinstehend kein Bild symbolisieren. Erst die Zusammensetzung mehrerer Buchstaben ergeben die Definition eines Bildes. Diese verbale Beschreibung eines Bildes ist für den Menschen eine klare Definition. Für die Energie ist es aber eine unverständliche Zusammenfügung von Strichen oder Lauten. Erst ein plastisches, gedankliches Bild bringt Energie in Aktion. Jeder von uns kann Bilder denken und jeder kennt es zumindest aus dem Traum. Ein exaktes Bilderdenken besteht, wenn während des Sprechens der dazugehörige Film im gedanklichen Bereich abläuft, bis ein Endbild erhalten wird.

Zum Beispiel der Satz „Ein Apfel fällt vom Baum." Die Worte „Ein Apfel" erzeugen sofort das Bild eines Apfels in unseren Gedanken. „Fällt" lässt den Apfel in eine Fallbewegung übergehen. „Vom Baum" macht das Bild komplett, indem ein Baum eingeblendet wird, und wir sehen in unserer Vorstellungskraft einen Baum, von dem gerade ein Apfel herunterfällt.

Worte, die in Verbindung mit gedanklichen Bildern gesprochen werden, haben größere Macht als sogenannte leere Worte. Es gibt auch die Möglichkeit, gleichzeitig in Worten und Bildern zu denken.

Übung 6

Bilderdenken

Setze dich entspannt hin und wähle dir einen einfachen Gegenstand wie einen Kugelschreiber, ein Glas, einen Stein usw. Es sollte am Anfang ein Gegenstand sein, der sich nicht bewegt. Lege oder stelle diesen Gegenstand gut sichtbar vor dich hin. Betrachte ihn einige Zeit. Dann schließe die Augen und versuche, ihn dir vor deinem geistigen Auge vorzustellen. Übe solange, bis du sein Bild mühelos für circa 5 Minuten halten kannst. Ist das erreicht, dann versuche dieselbe Übung mit offenen Augen. Als nächstes verwende Gegenstände, die sich bewegen, wie eine Pendeluhr, einen Kreisel und auch Lebewesen.

Übung 7

Bilderdenken im täglichen Leben

Beginne im täglichen Leben, wenn du sprichst oder zuhörst, Gedankenbilder mit Worten zu kombinieren.

6.2. Die Atmung

Die Atmung ist eine natürliche Methode der Energieaufnahme und -abgabe. Sie sollte im natürlichen Rhythmus erfolgen und sowohl mit dem Bauch wie auch mit der Brust ausgeführt werden. Mit Hilfe der Atmung ist es leicht, die Verbindung zu einer Energie herzustellen, sie zu lenken und zu stauen.

Übung 8

Bauch- Brustatmung
Setze dich bequem hin und achte darauf, dass dein Rücken gerade ist. Lenke deine Aufmerksamkeit auf deinen Atem. Beginne jetzt so zu atmen, dass du eine Kombination aus Bauch- und Brustatmung machst. Beim Einatmen füllst du zuerst den Bauch und ab der Mitte des Atemzuges den Brustraum. Das Ausatmen erfolgt durch ein einfaches Sich-Entspannen. Diese Übung lehrt, die ganze Lunge bei der Atmung zu gebrauchen und löst so viele Blockaden. Entscheide selbst, wie lange du diese Übung täglich machst, aber übertreibe es nicht.

Übung 9

Energieatmung
Stelle dir eine Energie vor oder gehe direkt zu dem Platz, wo eine verstärkte Energie vorhanden ist, und beginne, deine Aufmerksamkeit auf den Atem zu lenken. Bist du dir deines Atems bewusst, wird die gewünschte Energie direkt eingeatmet und wieder zurück an ihren Ursprungsort ausgeatmet. Je plastischer das Bild des Ein- und Ausatmens ist, desto intensiver ist der Energiefluss.

Übung 10

Porenatmung
Bei dieser Atemtechnik wird gelernt, nicht mit der Lunge alleine sondern mit dem ganzen Körper bewusst zu atmen. Setze dich bequem hin und stelle dir vor, dass jede Pore am ganzen Körper im Rhythmus des normalen Atems atmet. Das Gefühl, wie sich die Lunge beim Einatmen aufbläst und beim Ausatmen entspannt, wird auf den ganzen Körper ausgedehnt.

6.3. Gegenstände

Bei der Energiearbeit werden gerne Hilfsmittel verwendet, die mit der Arbeit selbst nicht direkt etwas zu tun haben. Es sind Gegenstände, die als eine Art Eselsbrücke verwendet werden. Wenn mit dem Element Wasser gearbeitet wird, stellt man eine Schüssel Wasser vor sich hin, um dadurch eine symbolische Verbindung mit dem Element herzustellen. Solche Hilfsmittel können die Arbeit vor allem am Anfang sehr erleichtern. Sie sind aber nicht unbedingt notwendig.

6.4. Artverwandte Energien

Wie schon erwähnt, können sich artverwandte Energien gegenseitig unterstützen und verstärken. Diese Eigenart von Energie kann in der Praxis verwendet werden, indem bei der Energiearbeit mit einer speziellen Energie auch artverwandte Energien mit einbezogen werden. Zum Beispiel: Will ich mit der Energie eines speziellen Strahls arbeiten, verwende ich zur Unterstützung einen zugehörigen Edelstein und ein zugehöriges Metall, um die Energie zu verstärken.

6.5. Das Energietagebuch

Das Energietagebuch wird dafür verwendet, um alle Energiearbeiten schriftlich vorzubereiten und deren Erfolg oder Misserfolg aufzuzeichnen. Auch alle Erkenntnisse der Energiearbeit gehören in diesem Buch so genau wie nur möglich festgehalten. Je genauer die Vorbereitung einer Energiearbeit, desto höher die Erfolgschance. Bei jeder Eintragung sollte unbedingt das Datum und oft auch die Zeit von Anfang und Ende einer Arbeit eingetragen werden. Vor jeder Übung oder Arbeit wird hier festgehalten, was auf welche Weise gemacht wird. Nach jeder Übung oder Arbeit werden der Erfolg und mögliche Fehler analysiert und aufgeschrieben. Ich bitte dich, dieses Buch ordentlich und genau zu führen.

7. Erzeugen von Energie

Wie in der Energieentstehungsgeschichte erwähnt, sind alle Energien aus dem sogenanten Urlicht entstanden. Diese Energie ist die feinstofflichste von allen Energien. Sie ist überall in unendlichem Ausmaß gegenwärtig und steht zu unserer Verfügung. Alles ist von ihr durchdrungen, auch die verschiedenen Körper des Menschen. Die drei niederen Körper möchte ich an dieser Stelle kurz beleuchten.

> Der dichteste Körper des Menschen ist sein physischer Körper. Seine Funktion ist der materielle Ausdruck der Schöpfung; weiters die Handlung in und mit der Materie. Er ist die stärkste Form der Individualität.
>
> Der nächste Körper ist der Emotionalkörper. Seine Funktion ist der gefühlsmäßige Ausdruck der Schöpfung. Er ist verantwortlich für unsere Gefühle.
>
> Danach kommt der Mentalkörper. Seine Funktion ist der gedankliche Ausdruck der Schöpfung. Jeder Gedanke ist eine Handlung dieses Körpers. Er ist auch der Sitz des Intellekts.

Alle drei Körper bilden eine Einheit und jede Handlung sollte mit allen dreien gleichzeitig ausgeführt werden, dann ist sie voll bewusst durchgeführt. Vor allem

im Umgang mit Energien ist darauf zu achten, dass die drei Körper gemeinsam arbeiten.
Die Energieerzeugung kann in fünf grundlegende Etappen eingeteilt werden.

a. Vorbereitung

b. Verbindung mit der Urenergie

c. Definition der zu erzeugenden Energie

d. Füllung

e. Verwendung oder Auflösung

a. Vorbereitung

Die Vorbereitung erfolgt schriftlich im Energietagebuch und kann folgendermaßen aussehen.

Datum & Zeit: 13.12.03 8:00–8:30

Art der Energiearbeit: Energieerschaffung

Art der Verbindung: Gebet

Art der Energie: Element Luft

Definitionsbild: himmelblaue Wolke

Zweck: Übung

Erfolg:

b. Verbindung mit der Urenergie

Wenn Energie erzeugt wird, muss eine Wechselwirkung mit dem Urlicht hergestellt werden. Diese Wechselwirkung ist beim Menschen zwar immer vorhanden, aber um bewusst Energie zu erzeugen, sollte sie verstärkt werden. Diese Verstärkung wird mit dem Bewusstsein erreicht, indem es auf diese alles durchdringende Urenergie gelenkt wird. Man muß sich klar darüber sein, dass sie alles durchdringend und unerschöpflich ist. Weiters, dass sie zu unserer Verwendung steht. Die einfachste Methode ist eine Anrufung oder ein kurzes Gebet, aber mit allen drei Körpern.

Zum Beispiel:

Physisch gesprochen
Kraftvolle, alles umfassende Urenergie. Du, aus der alles, was ist, erschaffen wurde. Die alles durchdringt und belebt und durch mich wirkt. In deiner unendlichen Fülle bist du hier. Lass mich Schöpfer sein mit dir. Danke dafür.

Emotional
Das Gefühl von Durchdrungenheit mit lebendiger Kraft, beinahe Ekstase, sollte mit diesen Worten einhergehen.

Mental
Jedes gesprochene Wort wird mit dem dazugehörigen Bild versehen und wie im Film abge-

spielt. Ist das Bilderdenken noch nicht so ausgereift, kann auch ein starres Bild der Urenergie mit ihren Eigenschaften verwendet werden. Stell dir zum Beispiel dich selber vor, wie du leuchtest und mit deinen Händen Licht formst.

Solche Gebete oder Anrufungen können in den verschiedensten Bereichen zur Anwendung kommen. Sie müssen nicht unbedingt laut gesprochen sein, aber am Anfang zumindest so geflüstert werden, dass sich die Zunge bewegt.

c. Definition der zu erzeugenden Energie

Die Energiedefinition erfolgt durch ein exaktes, geistiges und gefühlsmäßiges Bild der zu erzeugenden Energie. Es wird zum Beispiel die Energie Luft benötigt. Eine der möglichen Definitionen wäre eine himmelblaue Wolke, die Freude und Klarheit in ihre Umgebung ausstrahlt. Gleichzeitig wird das Gefühl von Leichtigkeit im Körper erzeugt. Diese Definition ist für die Urenergie eine klare Anweisung, in was sie sich verwandeln soll. Gleichzeitig ist diese Definition bereits Energie, welche gleiche Energie anzieht und sich mit ihr verbindet und so auch ohne die folgenden Schritte im Laufe der Zeit zu dieser Energie wird. Daher sollte die Energieerzeugung bereits an diesem Punkt nicht mehr abgebrochen werden, ohne dass das Definitionsbild aufgelöst wird. Zur eigenen Unterstützung der Definition kann auch eine verbale Beschreibung der Energie Luft erfolgen.

d. Füllung

Die Füllung ist jetzt die eigentliche Energieerzeugung, bei der die Urenergie in das definierte Bild einfließt und es belebt. Es gibt zwei grundlegende Varianten davon. Eine für Energien, die man für sich selber verwendet und eine für Energien, die für andere verwendet werden.

> Energie, die man für sich selbst erzeugt, kann durch den eigenen Körper gelenkt werden.
>
> Energie für eine andere Person wird direkt aus dem Kosmos, also der Umgebung geholt.

Diese beiden unterschiedlichen Varianten der Füllung von Energie kommen zustande, weil Energie, die durch den Körper fließt, sofort eine Prägung mit den Stärken und Schwächen der jeweiligen Person bekommt. Verwendet eine andere Person nun diese Energie für sich, so verwendet sie auch die Prägung und wird bis zu einem gewissen Grad die Stärken, aber leider auch die Schwächen des Energieerzeugers annehmen. Daher wird für zweite Personen immer direkt aus dem Kosmos Energie geholt und für sich selbst steht es offen, ob durch den Körper oder direkt aus dem Kosmos. Der Ablauf der Füllung ist wieder ein geistiges und gefühlsmäßiges Bild aber diesmal ein bewegtes, dynamisches. Wird die Energie durch den Körper gelenkt, verwendet man die Atmung und stellt sich vor, wie das Definitionsbild der Energie mit Urenergie aufgeblasen und dadurch belebt wird. Zum Beispiel beim Einatmen hat man das Bild, dass man Urenergie einatmet und den ganzen Körper damit ausfüllt. Gleichzeitig ist das Gefühl der Urenergie im Inneren zu erzeugen. Beim Ausatmen stellt man sich vor, dass diese eingeatmete Urenergie in das Definitionsbild geblasen wird und sich dieses ganz mit dieser Urenergie füllt. Die Urenergie wird sofort zu reagieren anfangen und sich in die definierte Energie verwandeln. Es sollten nicht mehr als sieben Atemzüge Urenergie in das Energiedefinitionsbild geblasen werden, da es keine Energiestauung sein soll, sondern eine Energieerzeugung. Nach einigen Jahren Übung reicht ein konzentrierter Atemzug.

Wird die Energie direkt aus dem Kosmos geholt, stellt man sich vor, dass die kosmische Urenergie direkt aus der Umgebung in das Definitionsbild einfließt und es belebt. Im Gefühlsbereich stellt man sich vor, dass die Ausstrahlung der entstehenden Energie immer stärker wird. Auch hier ist darauf zu achten, dass es zu keiner Energiestauung kommt sondern nur zu einer Energieerzeugung. Also nur solange Energie in das Definitionsbild einfließen lassen, bis es voll ist.

e. Verwendung oder Auflösung der Energie

Die so erzeugte Energie steht jetzt zur weiteren Verwendung bereit. Sie kann geprägt oder für andere Arbeiten verwendet werden. Wird sie nicht benötigt, muss man sie wieder auflösen, da sie sonst Schaden anrichten kann. Zur Auflösung wird die Füllung im umgekehrten Ablauf ausgeführt. Das ist eine Leerung. Man stellt sich einfach vor, dass die Urenergie aus dem Definitionsbild ausfließt und dieses an Strahlkraft und Leben verliert, bis es leer ist. Danach wird noch das Definitionsbild aufgelöst. So kann keine unbewusste Energieerzeugung geschehen. Zur Auflösung des Definitionsbildes verwendet man zum Beispiel eine Kerze. Die Kerze wird angezündet und vor sich hin gestellt. Dann stellt man sich vor, dass das Definitionsbild in die Kerzenflamme geworfen wird und es dort verbrennt. Dieses Auflösungsbild ist nur eines von unendlich vielen. Der Phantasie sind in dieser Hinsicht keine Grenzen gesetzt. Wichtig ist nur, dass die Auflösung voll bewusst geschieht. Zum Schluss wird dan noch die Eintragung über den Erfolg oder auch Misserfolg in das Energietagebuch gemacht.

Übung 11

Verbindung zur Urenergie
Finde deine eigene Verbindung zur Urenergie.

Übung 12

Erzeugen von Energie
Erzeuge – nach dem vorigen Beispiel – die vier Elementenergien für dich selbst und für andere und löse sie wieder auf. Übe das, bis du es beherrschst.

Übung 13

Definitionsbild Auflösung
Finde deine eigene Auflösungsmethode für Definitionsbilder.

7.1. Karma das Gesetz von Ursache und Wirkung

Leider können Energien zum Schaden anderer und dadurch auch zum Schaden von sich selbst eingesetzt werden. Jede Handlung - egal auf welcher Ebene - setzt Energie in Bewegung und wird vom persönlichen Energiesystem aufgezeichnet. Diese Aufzeichnung ist eine Art von Prägung des eigenen Energiesystems. Dadurch wird die innere Urenergie in eine individuelle Form gebracht. Diese eigene Form der Energie zieht wiederum gleiche Energien an. So kommt es dazu, dass dem Menschen gemäß seinen Handlungen Energien in seinem Leben begegnen. Was der Bauer sät, das wird er ernten.

Jeder Mensch möchte, dass ihm in seinem Leben, in dieser materiellen Ebene, viele angenehme Situationen und Ereignisse begegnen. Um das zu unterstützen, ist es sehr einfach, das eigene Energiesysthem von unsauberen Prägungen zu befreien. Wie gesagt ist der Ursprung der Prägungen in unseren Handlungen zu finden. Auch Gefühle und Gedanken sind Handlungen. Es ist auch egal, ob die Handlungen auf sich oder die Umwelt gerichtet sind. Jede Handlung prägt das eigene wie auch das anvisierte Energiefeld. Sobald Menschen beginnen, achtsam mit ihren Handlungen umzugehen, wird sich ihr eigenes Energiefeld zu verändern beginnen. Dadurch kann es zu neuen Resonanzpunkten im Universum kommen, die ein schöneres und reiferes Leben zulassen. Selbstverständlich kann das eigene Energiefeld auch durch Energiearbeit verändert werden. Der 4. Strahl ist hierfür ein sehr guter Beginn.

8. Wie verändere ich Energie

Um Energien oder Energiesysteme zu verändern, sollte als Erstes die vorhandene Energie genau analysiert werden. Ist das geschehen, kann man auf zwei Arten weiter vorgehen. Entweder man erzeugt eine Gegenenergie, die beim Reagieren mit der Grundenergie die gewünschte neue Energie ergibt, oder es wird eine allgemeine positive Energie erzeugt und damit die Grundenergie durchflutet. Die Variante mit der Gegenenergie ist schwieriger und setzt Gewandtheit im Umgang mit Energien und deren Analyse voraus. Die zweite Variante ist einfacher und für jeden durchführbar, aber nicht so genau wie die erste.

8.1. Energieveränderung in Räumen und an Orten

Bei der Energieveränderung in Räumen und an Orten wird meistens die Durchflutungsmethode verwendet, da die genaue Analyse der Energie eines Ortes mehrere Tage dauern würde. Ein einzelner Raum, der bewohnt ist, besteht aus tausenden von Einzelenergien und es reicht oft aus, einen einzelnen Gegenstand, der in diesem Raum ist, zu entfernen oder umzustellen, um die Energie des Raumes zu verändern. Es gibt Menschen, die die Fähigkeit haben, ohne Gesamtanalyse diesen besagten Gegenstand intuitiv wahrzunehmen. Allgemein ziehe ich trotzdem die Durchflutungsmethode vor. Eine einfache und schöne Methode der Energiedurchflutung ist das Räuchern. Das Räuchern selbst ist jedoch nur ein Hilfsmittel aus dem Bereich der artverwandten Energien. Jeder Räucherstoff ist unterschiedlichen Energien zugeordnet und unterstützt daher alle ihm artverwandten Energien. Gleichzeitig ist der Rauch selbst eine gute Vorstellungshilfe wie die Energie den Raum durchflutet. Der eigentliche Ablauf der Durchflutungsmethode mit Räucherung beginnt mit dem Herrichten von den Räucherutensilien. Diese bestehen aus Räucherstoff, Räucherschale, Räucherkohle, Fächer und Räucherlöffel für den Räucherstoff. Die Räucherschale wird im Mittelpunkt des Raumes oder Ortes aufgestellt, als nächstes wird die Kohle entzündet und in der Räucherschale mit Hilfe des Fächers zum Glühen gebracht. Jetzt wird nach der schon bekannten Methode der Energieerzeugung direkt aus dem Kosmos die gewünschte Energie erzeugt. Der einzige Unterschied ist, dass der ganze Raum oder Ort in das Definitionsbild mit eingebunden wird. Während der Füllung wird mit der Räucherung begonnen. Man gibt einen Löffel voll Räucherstoff auf die glühende

Kohle. Zur Unterstützung der Vorstellung kann man mit dem Fächer den entstehenden Rauch in die verschiedenen Richtungen verteilen. Ist der Raum oder Ort mit der Energie gefüllt, stellt man sich vor, wie sich die Grundenergie mit der erzeugten Energie vereinigt und zu dieser wird. Als Bild kann das zum Beispiel ein Farbverlauf oder zwei sich überlagernde Räume, die langsam eins werden, sein.

8.2. Energieveränderung im Menschen

Der Mensch besteht, wie schon erwähnt, nicht nur aus seinem physischen Körper sondern aus weiteren sechs feinstofflichen. Diese feinstofflichen Körper sind auch das Energiesystem, welches den physischen Körper umgibt und ihn durchdringt. Der äußerste Körper kann seine Grenze bis zu einigen Kilometern vom physischen entfernt haben. Er ist allerdings der feinstofflichste von allen und dadurch nur selten wahrnembar. Je näher wir zum physischen Körper kommen, desto dichter und dadurch erkennbarer werden die feinstofflichen Körper. Die ersten zwei können sogar sehr einfach mit den Händen ertastet werden.

Jede Energie und jedes Energiesystem, welches im Bereich dieser Körper liegt, hat Einfluss auf den gesamten Menschen. Je näher es dem physischen Körper ist, desto stärker wird dieser Einfluss. Diese Einflüsse können nun positive aber auch negative Reaktionen hervorrufen, gemäß der individuellen Energiestruktur einer Person. Diese individuellen Energiestrukturen werden allgemein Muster oder Schema genannt. Es sind Arten von Definitionsbildern, welche darauf warten, mit Energie gefüllt zu werden. Die Füllung eines solchen Musters erfolgt meistens unbewusst. Es reicht, dass die Aufmerksamkeit auf eine Situation gerichtet wird, in die ein spezielles Muster passt und schon bekommt es Energie, um wirksam zu werden.

Diese Muster entstehen aber nicht nur durch Fremdeinwirkung, sondern der Großteil aller Muster eines Menschen wird durch ihn selbst erzeugt.

Ein Beispiel wie ein Muster aktiv wird:

> Eine Person betritt einen Raum, in dem Alkohol getrunken und gefeiert wird. Die betreffende Person hat ein Muster aus der Kindheit, welches besagt „Alkohol ist schlecht und macht Menschen böse". Entstanden ist das Muster möglicherweise durch die Eltern oder einen Elternteil, der Alkohol strikt abgelehnt hat oder damit Probleme hatte oder beides. Das Muster wird natürlich sofort aktiv und erzeugt Angst und damit Ablehnung der Situation. Die Person ist von diesem Augenblick befangen und nicht mehr fähig, die reale Energie dieser Feier zu erkennen oder aufzunehmen, welche eigentlich eine gemütliche, friedliche, fröhliche Strahlung hat.

Die Summe aller Muster ergibt den Charakter eines

Menschen. Je besser der Charakter, desto mehr positive Muster hat eine Person. Der Charakter ist eine Art Definitionsbild des Menschen oder besser gesagt das Gesamtdefinitionsbild. Die Summe aller Muster, die ein Menschen hat. Dadurch bestimmt er, in welcher Form sich die Urenergie bei einer Person ausdrückt, und welche Energie in der Person herrscht. Um die Energie eines Menschen zu verändern, muss also der Charakter einer Person verändert werden. Die Charakteränderung eines Menschen kann wiederum durch die Verwandlung der einzelnen Muster geschehen.

Um ein Muster zu verändern oder aufzulösen, muss es erst einmal erkannt werden. Eine sehr gute Methode der Charakteranalyse oder Musteranalyse ist der Seelenspiegel. Er funktioniert durch eine Gegenüberstellung der positiven und negativen Eigenschaften eines Menschen.

Begonnen wird indem alle negativen Eigenschaften, die man besitzt, ausgeforscht und in einer Liste niedergeschrieben werden. Als nächstes werden alle positiven Eigenschaften ausgeforscht und auch in einer Liste niedergeschrieben. Für beide Listen sollte man sich mindestens eine Woche Zeit lassen und ehrlich zu sich selbst sein. Auch der Rat von Freunden kann, wenn man das nötige Vertrauen hat, eingeholt werden. Jede Liste sollte für den Anfang zumindest 100 Eigenschaften umfassen. Jetzt werden diese ausgeforschten Eigenschaften den vier Grundelementen Feuer, Wasser Luft und Erde zugeordnet. Hierzu fertigt man sich vier weitere Listen an, indem man vier Blatt Papier mit Strichen in der Mitte teilt. Jede bekommt als Überschrift eines der Elemente und links ein Minus und rechts ein Plus Symbol. In der Spalte mit dem Minus werden jetzt alle negativen Eigenschaften, die diesem Element zugehörig sind, eingetragen und in der Spalte mit dem Plus alle positiven Eigenschaften. Als Leitfaden für die Elementezuordnung der Eigenschaften dienen die Beschreibungen der Elemente im 5. Kapitel dieses Buches. Dieser Seelenspiegel zeigt, wie die Elemente in einer Person positiv und negativ verteilt sind und welches der Elemente vorherrscht. Der Seelenspiegel kann dich dein weiteres Leben begleiten, da immer wieder neue Eigenschaften hinzu kommen und alte gelöst werden. Die Auflösung eines Musters funktioniert nun gleich wie bei jedem Definitionsbild, nur dass ein Muster hartnäckiger ist. Es ist nämlich mit Menschen verwoben und dadurch hat es bereits ein hohes Maß an Lebenskraft von ihnen bekommen. Daher ist die Auflösung etwas langwieriger und man sollte mit dem bewussten Energieentzug des Musters beginnen, einer Art des Aushungerns, um es zu schwächen.

Ist ein Muster erkannt, wird es als erstes durch die eigene Feinfühligkeit lokalisiert. Hat man die Position gefunden (sie ist meistens außerhalb vom physischen Körper in den ersten drei feinstofflichen Körpern zu finden), wird das Muster mit Hilfe der Vorstellungskraft von der Energieversorgung abgeschnitten und zum Beispiel mit undurchdringbarem hellblauen Licht umgeben. Dieses hellblaue Licht muss es in unserer Vorstellung hermetisch von seiner Umgebung abschirmen. Ist das geschehen, lässt man es einige Tage unter regelmäßiger Kontrolle des hellblauen Lichtmantels an seinem Ort. Dann wird es mit Hilfe der Vorstellungskraft aus seiner Position entfernt und mitsamt dem Lichtmantel gleich wie ein Definitionsbild aufgelöst. Anschließend wird seine ehemalige Position mit irgendeiner positiven Energie gefüllt, um keinerlei feinstoffliche Wunden oder Hohlräume zu hinterlassen.

8.3. Energieveränderung von Einzelenergien

Bei der Energieveränderung von Einzelenergien wird meistens die Methode der Gegenenergie verwendet. Als erstes wird die zu verändernde Energie genau analysiert und in Form einer Energiebeschreibung festgehalten. Dann wird überlegt, welche Energie daraus entstehen soll. Auch diese Energie ist in Form einer Energiebeschreibung festzuhalten. Je ähnlicher sich die beiden Energien sind, desto leichter ist es, die eine in die andere zu verwandeln. Die nun folgende Arbeit ist der schwierigste Teil. Es wird eine Energiebeschreibung der Gegenenergie angefertigt. Die Gegenenergie ist die Energie, die bei einer Reaktion mit der zu verändernden Energie die gewünschte neue Energie ergibt. Bei reinen Elementenergien ist es noch relativ leicht. Je komplexer und höher entwickelt die Energien sind, desto schwieriger wird es, die Gegenenergie zu finden. Hat man sie gefunden, wird sie mit Hilfe der schon bekannten Methode erzeugt und mit der zu verändernden Energie zur Reaktion gebracht. Die Reaktion beginnt sofort, wenn die beiden Energien aufeinander treffen. Es ist darauf zu achten, dass genug Energie erzeugt wird, um die gesamte Grundenergie zu verwandeln. Im Notfall wird immer wieder neue Energie erzeugt, bis sich die gesamte Energie umgewandelt hat. Bleibt Energie übrig, wird sie einfach wieder aufgelöst. Das Ganze kann als eine Art alchemistischer Vorgang gesehen werden.

Übung 14

Energieveränderung
Energieveränderung von Räumen und Orten
Übe die Energieveränderung von Räumen und Orten mit der Energiedurchflutung, bis du sie beherrschst.

Übung 15

Seelenspiegel
Fertige dir einen Seelenspiegel an und beginne, deine negativen Muster aufzulösen.

Übung 16

Energie Erzeugen, verändern, auflösen
Erzeuge dir die Elementeenergie Feuer und wandle sie um in Luft. Nach der Übung reinige den Raum mit Hilfe der Durchflutungsmethode. Übe auch hier so oft, bis du es beherrschst.

Übung 17

Gegenenergie
Finde in den folgenden fünf Beispielen die Gegenenergie, die notwendig ist, um die neue Energie aus der Grundenergie zu erzeugen und mache eine Energiebeschreibung von jeder Grundenergie, jeder zu erzeugenden Energie und von jeder Gegenenergie.

Grundenergie	Zu erzeugende Energie
Element Erde	Element Feuer
Trauer	Lebenslust
Desinteresse	7. Strahl
Krieg	Frieden
Rot	Blau
Blei	Gold

9. Energiehygiene

Die Tatsache, dass sich Energien oft gegenseitig durchdringen, macht es für den Menschen erforderlich, eine Form von Energiehygiene zu betreiben.

Jeder kennt die Situation, in der man sich nach dem Besuch eines Ortes oder der Gesellschaft von anderen Menschen unwohler und energieleerer oder wohler und energievoller fühlt als vorher. In beiden Fällen kam es zu einem Energieaustausch oder einer Reaktion zwischen der eigenen Energie und den anderen Energien, mit denen man in Kontakt kam. Was ist nun dieser Energieaustausch genau?

Wie schon erwähnt, hat jeder Mensch spezielle Muster oder Schemen in seinem Energiefeld, welche eine Art von Definitionsbildern sind und die Persönlichkeit und den Charakter bestimmen. Diese Muster können positiver oder negativer Natur sein und warten ständig darauf, mit Energie versorgt zu werden, um lebendig zu sein. Kommt jemand nun in eine Situation, an einen Ort oder sonst irgendwie in den Kontakt mit einer Energie, die ein solches Muster auslöst oder dieselbe Energie hat wie dieses Muster, wenn es aktiv ist, dann passiert eine automatische Aufladung und dadurch der Ausdruck dieses Musters.

Als Beispiel, eine Person mit dem unbewußten Muster: „Flexibilität am aktiven Lebensweg ist anstrengend“, kommt an einen Ort, an dem eine Energie herrscht, die dieses Muster in Aktion bringt. Ein solcher Ort ist zum Beispiel das Arbeitsamt oder ein Bekannter, der gerade umsiedelt. Die Person mit dem Muster wird sich nach kürzester Zeit müde und ausgelaugt fühlen und möglicherweise Schmerzen im rechten Kniebereich bekommen.

Ein anderer Fall für ein Muster, das aktiv wird, ist, wenn sich jemand verletzt oder angegriffen fühlt. Hierbei besteht ein Direkttreffer auf ein Muster, meistens durch eine andere Person. Die Reaktion der Verletztheit ist dann eine Art von Schutzfunktion des Musters. Man kann nur dort getroffen werden, wo man Widerstand bietet. Wenn man verletzt wird, sollte man der Person oder Situation, die einen verletzt hat, danken, denn sie macht einen auf ein Muster aufmerksam, das gelöst werden sollte.

Allgemein gibt es zwei gängige Varianten, mit seinen eigenen Mustern umzugehen. Die eine ist, sich von der Außenwelt abzuschirmen und dadurch unberührbar zu sein, und die andere ist, offen durch die Welt zu gehen und sich seiner eigenen Muster bewusst zu werden. Niemand braucht einen Schutz, denn es kann mir nur begegnen, was mir gemäß und dienlich ist.

Abschirmung von der Außenwelt

Bei der Abschirmung von der Außenwelt geht es darum, unbewusste Muster auszuhungern, um sie dann leichter lösen zu können. Sie sollte nicht über mehrere Jahre angewendet werden, da sonst der Kontakt mit der Gesellschaft darunter leidet und man keine Kontrolle hat, welche Muster noch vorhanden sind. Die Abschirmung selbst kann unendlich verschiedene Formen haben. Alle bekannten Visualisationsübungen, die einen Licht oder Schutzmantel um eine Person erzeugen, fallen unter diese Methode. Auch bewusst gewählte Einsamkeit und Abgeschiedenheit gehören dazu. Kurz, alles was einen vor der Außenwelt schützen soll, sowohl geistig wie auch gefühlsmäßig und physisch.

Bewusstwerdung

Bei der Bewusstwerdung geht es darum, den sogenannten inneren Beobachter zu entdecken und zu gebrauchen. Dieser innere Beobachter ist jener Teil von uns, der immer neutral ist, egal welche Emotion oder Situation man gerade durchlebt. Er wird oft auch Gleichmut oder Tao genannt. Er fühlt sich niemals angegriffen oder verletzt, denn er findet die Ursache von allem bei sich selbst. Es gehört sehr viel Selbstbeherrschung und Disziplin dazu, diesen inneren Beobachter im täglichen Leben zu gebrauchen. Egal was ihm passiert, er sagt als Erstes "Danke" dafür. Er wird durch alle Zentrierungsübungen aktiviert und geschult. Eine sehr gute Übung, um diesen inneren Beobachter zu schulen, ist die dynamische Meditation von Osho.

Bei beiden Methoden empfehle ich zur Auflösung der erkannten Muster die schon bei der Energieveränderung im Menschen beschriebene Methode und den Seelenspiegel.

Übung 18

Bewusstes Sein
Diese Übung zeigt dir, wie bewusst du mit dem Leben umgehst.

1.) *Beschreibe das Gefühl in deinem Mund, wenn du einen Schluck Wasser trinkst oder etwas isst. Achtung: Geschmack ist kein Gefühl.*

2.) *Beobachte deinen Körper, wenn er sich bewegt und wenn er ruht. Wie fühlt er sich an?*

3.) *Wie fühlt sich die Kleidung auf deiner Haut an?*

4.) *Wie fühlt sich deine eigene Stimme an, wenn du sprichst? Und wo spürst du sie? In der Brust? Im Bauch? Im Hals? Oder im Kopf?*

5.) *Wie fühlt sich die Berührung einer anderen Person an?*

6.) *Wie fühlt es sich an, wenn du selbst berührt wirst?*

7.) *Klatsche in die Hände und beschreibe die Gefühlskombination der gesamten Bewegung.*

8.) *Wie fühlen sich Töne oder Musik in deinem Körper an?*

Suche dir selbst weitere Übungsbeispiele.

10. Wie lenke ich Energie?

Jede Person lenkt ununterbrochen Energien in ihrem Leben. Manche bewusst andere unbewusst. Jede Handlung, jedes Wort, jeder Gedanke ist bereits Energielenkung. Und wenn wir unsere Aufmerksamkeit von einem Punkt auf einen anderen richten, lenken wir schon Energie. Energien folgen unserer Vorstellungskraft und unseren Gefühlen. Die verschiedensten Energien sind um uns herum und in uns selbst ständig in Bewegung. Um eine Energie zu lenken reicht es also, sich diesen Ablauf bildlich und gefühlsmäßig vorzustellen. Es ist eine natürliche Fähigkeit des Menschen und daher nur zu kultivieren und bewusst zu tun. Selbstverständlich gehört etwas Übung dazu, aber wirklich lernen muss es niemand. Die Fähigkeit ist immer vorhanden. In dem Augenblick, wo diese Fähigkeit des Energielenkens bewusst eingesetzt wird, ist darauf zu achten, keinen Schaden damit anzurichten. Das schon erwähnte Gesetz des Karmas darf nicht vergessen werden. Alles, was man selber in der Umwelt macht, kommt mindestens in der gleichen Dosierung zu einem zurück. Deswegen Achtung mit dieser Fähigkeit!

Ein wichtiger Aspekt, der hier auch noch erwähnt gehört, ist die Selbsttäuschung. Alles was in der Energiearbeit gemacht wird, soll einer sehr kritischen Prüfung unterzogen werden.

Besser hundert Mal nachprüfen, ob eine Energie das gemacht hat, was gewünscht war, als sich selbst etwas vorzulügen. Oft ist es auch ratsam, eine zweite Person zu bitten, das Ergebnis zu prüfen.

Übung 19

Energielenkung

Erzeuge die Energie des 5. Strahls und lenke sie mit Hilfe deiner Bewusstheit durch deinen Körper. Beginne bei deinem rechten Fuß, lenke sie über dein Knie, den Oberschenkel hinauf zur rechten Schulter, lasse sie in deinen rechten Arm einfließen bis zur Hand und in die Finger, dann zurück zur rechten Schulter, über den Kopf in die linke Schulter, von dort in den linken Arm bis zur Hand und in die Finger, zurück zur Schulter und dann über den Oberkörper in den Bauch und von dort in das linke Bein, über das Knie zum Fuß und wieder aus dem Körper hinaus. Als Abschluss löse die Energie wieder auf.

Das gleiche soll dann außerhalb des Körpers geübt werden. Hierzu stelle dir einige verschiedene Gegenstände auf einen Tisch und lasse die erzeugte Energie mit Hilfe deiner Vorstellungskraft von einem Gegenstand zum anderen fließen. Überprüfe jede Position der Energie mit dem Pendel oder einem anderen Instrument.

11. Wie staue ich Energie?

Energiestauung bedeutet, dass in einem definierten Bereich Energie über die normale Füllmenge hinaus erzeugt oder geballt wird.

Auch bei der Stauung ist gleich wie bei der Erzeugung von Energie darauf zu achten, dass Energie für andere Personen direkt aus dem Kosmos gestaut wird und Energie für sich selbst entweder auch aus dem Kosmos oder durch den eigenen Körper. Bei der Energiestauung kann entweder eine frisch erschaffene Energie verwendet oder ein natürliches Energievorkommen angezapft werden. Verwendet man ein natürliches Energievorkommen, ist es wichtig darauf zu achten, dass du eine Berechtigung für das Verwenden dieser Energie hast.

Kirchen und Heiligtümer sind übrigens keine natürlichen Energievorkommen sondern bewusst erzeugte. Daher Finger weg von solchen Energiespendern, solange du keine direkte Erlaubnis der Erschaffer hast.

Energiestauungen werden meistens verwendet, um gezielte energetische Reaktionen oder Phänomene hervorzurufen. z.B. Heilungen, Erschaffung von Energieplätzen, Wunschverwirklichung, Hellsicht, und vieles mehr. Jede Energie kann überall gestaut werden. Die Menge der Energie, die gestaut werden kann, hängt davon ab, wo sie gestaut wird. Verschiedene Stoffe haben eine unterschiedliche Speicherkapazität für unterschiedliche Energien. Die Stoffe, die für Stauungen geeignet sind, werden fluidische Kondensatoren oder Trägerstoffe genannt. Als fluidische Kondensatoren für eine spezielle Energie eignen sich am besten artverwandte materielle Energien. Materielle Luft ist zum Beispiel eine artverwandte Energie des Elementes Luft und daher ein sehr guter fluidischer Kondensator mit recht hoher Speicherkapazität für das Element Luft. Will man das Element Erde in materieller Luft stauen, wird die Speicherkapazität um vieles sinken, da sie keine artverwandten Energien sind und materielle Luft daher kein fluidischer Kondensator für das Element Erde ist. Es gibt Stoffe, die universelle fluidische Kondensatoren sind. Diese Stoffe haben für jede Energie die gleiche Speicherkapazität. Die Speicherkapazität eines Stoffes nimmt mit seiner Größe nicht wirklich zu. Es wird zwar mehr Energie benötigt, aber die endgültige Strahlkraft wird im Verhältnis zur Größe gleich stark sein. In der Praxis ist es gleichgültig, wie groß der Staubereich ist. Wird ein Stoff überladen, also mehr Energie in ihm gestaut als er Speicherkapazität hat, zerstört man ihn und die gestaute Energie damit. Zum Beispiel wird ein überladener Edelstein zerspringen und die darin gestaute Energie wird sich durch diesen Umwandlungsakt in Urenergie zurück verwandeln. Die Arbeit war umsonst und ist dann doch ein Erfolgserlebnis. Das Stauen selber hat sehr viel Ähnlichkeit mit der Energieerschaffung. Es wird grob in fünf Etappen eingeteilt, wobei nicht alle Etappen bei jeder Variante verwendet werden.

a. Vorbereitung

b.Verbindung mit der Urenergie (Naturenergie)

c. Definition der Energie
(nur bei Erschaffung von Energie)

d. Stauung

e. Verwendung oder Auflösung

a. Vorbereitung

Die Vorbereitung im Energietagebuch kann folgende Form haben.

Datum: 30.12.2003 von 13:00 bis 13.30

Art der Energiearbeit: Energiestauung aus dem Kosmos

Art der Verbindung: Ritual

Art der Energie: 3. Strahl

Staubereich: Rosenquarz

Definitionsbild: rosa Flamme

Zweck: Übung

Erfolg: (Dieser Bereich wird erst nach dem Versuch eingetragen. Er kann zum Beispiel wie folgt aussehen:

Die Verbindung war durch mein Ritual sehr einfach und das Definitionsbild sehr gut zu halten. Auch die Füllung und die Stauung verliefen fehlerfrei. Nach der Auflösung konnte ich noch einen Rest der erzeugten Energie feststellen. Deswegen machte ich noch eine Reinigung des Steines, um die Auflösung der erschaffenen Energie zu sichern.)

Der Staubereich ist ein genau definierter räumlicher Bereich, der mit Hilfe der Vorstellungskraft von seiner Umgebung abgegrenzt ist. Für den Anfang ist es deshalb einfacher, einen passenden Gegenstand, der eine natürliche räumliche Grenze hat, zu verwenden.

b. Verbindung mit der Urenergie (Naturenergie)

Die Verbindung mit der Urenergie wird in deiner bereits erprobten Art gemacht. Verwendest du eine Naturenergie, zum Beispiel die Energie, die ein spezieller Wasserfall ausstrahlt, verbindest du dich auf dieselbe Weise wie sonst mit der Urenergie, nur dass du jetzt die Energie des Wasserfalls verwendest.

> **Physisch gesprochen:**
> „Ich grüsse dich du kosmisches Wesen Wasserfall. Ich komme zu dir mit der Bitte, die von dir erschaffene Naturenergie, diese immerwähren-

de sich erneuernde Strahlung, verwenden zu dürfen, sie zu lenken und zu formen. In Liebe und Ehrfurcht vor deiner Schönheit, danke ich dir dafür."

Emotional

Du solltest spüren, wie die Energie des Wasserfalles dich durchflutet mit seiner erfrischenden dynamischen Kraft. Versuche dieses Gefühl so real wie nur möglich für dich zu erzeugen. Je stärker es ist, desto stärker die Wirkung.

Mental

Jedes gesprochene Wort wird mit dem dazugehörigen Bild versehen und wie im Film abgespielt. Ist das Bilderdenken noch nicht so ausgereift, kannst du auch ein starres Bild verwenden. Zum Beispiel wie du selber im Wasserfall stehst und seine Energie formst.

c. Definition der Energie

(Nur bei Erschaffung der Energie)

Dieser Punkt ist gleich wie bei der Energieerschaffung.

d. Stauung

Es gibt verschiedene Varianten von Stauungen. Drei davon möchte ich beschreiben. Die Methode des Durchfließens, die Methode der Füllstauung und die Naturenergiestauung. Wie schon erwähnt, ist darauf zu achten, dass Energie für andere immer aus dem Kosmos und Energie für sich selbst wahlweise durch sich selbst oder aus dem Kosmos geholt wird.

Durchfließen

Hierbei wird das Definitionsbild neben den Staubereich gebracht und ganz normal gefüllt. Sobald es voll ist, stellst du dir eine Verbindung zwischen dem Definitionsbild und dem Staubereich vor. Diese Verbindung kann als Form zum Beispiel ein Schlauch oder ein Wasserfall, besser gesagt ein Energiefall sein. Ist die Verbindung geschaffen, machst du mit der Füllung des Definitionsbildes weiter und lenkst mit Hilfe deiner Vorstellung die Energie, die über die Füllgrenze hinausgeht, durch die Verbindung in den Staubereich. Der Staubereich ist wie ein leeres Gefäß, in das du die Energie einfüllst. Sobald der Staubereich voll ist, machst du weiter und setzt die Energie in ihm dadurch unter Druck. Als Hilfe kannst du dir eine Pumpe vorstellen, die die Energie in den Staubereich hineinpumpt. Es ist darauf zu achten, dass der Staubereich nicht größer wird, sondern nur der Ausstrahlungsradius der Energie. Die Energie muß richtig glühen vor lauter Kraft und Druck.

Füllstauung
Bei der Füllstauung wird das Definitionsbild direkt in den Füllbereich gelegt und dann mit der Füllung begonnen. Sobald das Definitionsbild und dadurch auch der Staubereich voll ist, drückst du die Urenergie mit Hilfe deiner Vorstellung weiter in das Definitionsbild. Du kannst als Vorstellungshilfe wieder eine Pumpe verwenden. Auch hier ist darauf zu achten, dass der Staubereich nicht größer wird, sondern nur die Ausstrahlung und die Menge der Energie, die unter Druck gesetzt ist.

Naturenergiestauung
Bei der Naturenergiestauung gibt es kein Definitionsbild, da die Energie, die gestaut wird, bereits existiert. Es wird einfach eine Verbindung zwischen der Naturenergie und dem Staubereich hergestellt und dann mit der Füllung des Staubereiches begonnen. Ist er voll, wird die Energie wieder mit Hilfe der Vorstellung in den Staubereich gepreßt. Alles, was bei den anderen Varianten zu beachten ist, ist auch hier zu beachten.
Eine Naturenergiestauung ist es nur dann, wenn du direkt bei der Naturenergie bist. Stellst du dir daheim einen Wasserfall vor und nimmst dann diese Energie, ist der vorgestellte Wasserfall ein Definitionsbild und dadurch keine echte Naturenergie. Auch Fotos sind keine Verbindung zu einer Naturenergie, sondern nur ein Definitionsbild einer Naturenergie.

e. Verwendung oder Auflösung

Die gestaute Energie steht jetzt zur weiteren Verwendung bereit und kann in den verschiedensten Bereichen wie Talismanologie, Heilung, Weiterentwicklung, und vieles mehr eingesetzt werden. Wird sie nicht verwendet, kann sie an einem sicheren Ort aufbewahrt werden, sofern sie an einen Gegenstand als Staubereich gebunden ist, oder sie kann wieder aufgelöst werden.

Die Auflösung ist die umgekehrte Folge der Übung. Die Energie fließt bei Naturenergiestauungen zurück an ihren Ursprungsort und bei Definitionsbildern über das Definitionsbild zurück in die Urenergie.

Ein sicherer Aufbewahrungsort für geladene Gegenstände, die mit Energie vollgestaut sind, ist ein nur dir zugänglicher Ort, wobei der Gegenstand in Seide gewickelt sein sollte. Seide deswegen, weil sie energieundurchlässig ist. Ein voll gestauter Gegenstand, der von einer Person berührt wird, erhält eine Form der Prägung dieser Person und ist meistens für die weitere Verwendung unbrauchbar. Auch du selbst prägst die Energie, wenn du den Gegenstand berührst. Deswegen sollte ein voll gestauter Gegenstand, wenn er weiter verwendet wird, nur mit Hilfe eines Seidentuches berührt werden.

Übung 20

Stauen von Energie
Übe die folgenden Stauungsvarianten, mit von dir gewählten Energien, bis du sie beherrschst.

Für dich durch den Körper:
Durchflussmethode
Füllstauung
Naturenergiestauung

Für Zweite
Durchflussmethode
Füllstauung
Naturenergiestauung

Verwende als Staubereich einen zwei bis drei Zentimeter grossen Bergkristall Trommelstein.

12. Wie präge oder imprägniere ich Energie?

Unter den Begriff „Prägen“ fallen verschiedenste Praktiken, die den Energien eine Bestimmung oder Aufgabe geben, die sie dann verwirklichen. Alle haben etwas gemeinsam: Sie bestimmen die Ausdrucksform der Energie.

Man kann es sich so vorstellen, dass der Energie ein mentaler Filter vorgeschoben wird, durch den nur spezielle Eigenschaften von ihr nach außen dringen können. Diesem mentalen Filter können auch Befehle gegeben werden, die regeln, wann und wo die Energie zum Ausdruck kommt.

Im Grunde genommen ist dieser Filter wieder eine Art von Definitionsbild, gleich wie bei der Energieerschaffung, nur dass dieses Definitionsbild hier eine bereits erschaffene Energie formt und ihr so eine spezialisierte Aufgabe gibt.

Jede Energie von der feinsten bis zur dichtesten kann geprägt werden. Bachblüten, Edelsteinessenzen, Orchideenessenzen, Rosenessenzen und so weiter werden mit Hilfe von Prägung hergestellt. Es wird hochwertiges Wasser genommen, dann die entsprechende Blüte oder der entsprechende Edelstein hineingelegt und das Ganze zur Aufladung in die Sonne gestellt oder mit anderen Mitteln mit Lebenskraft versorgt. Die Lebensenergie speichert sich als Grundenergie im Wasser und der mentale Filter wird in die atomare Struktur des Wassers gespeichert. Wasser ist ein sehr guter Trägerstoff für Prägungen, da es die Zuordnung zum Element Wasser hat und dieses Element das formgebende Prinzip im Universum ist.

Immer wenn einer Energie eine Aufgabe gegeben wird, wird sie geprägt. Egal ob es eine materielle oder feinstoffliche Energie ist.

Im Laufe der Zeit wurden viele verschiedene Praktiken entdeckt, um Energien zu prägen. Einige möchte ich nun beschreiben.

Eigenschaftsprägung

Symbolprägung

Prägen mit Hilfe von Naturenergien

Prägen von Nahrung

Herstellung von Essenzen

Prägung mit Hilfe von Pyramiden

Astrologische Prägung

Abnehmen einer Prägung

12.1. Eigenschaftsprägung

Bei der Eigenschaftsprägung geht es darum, eine spezielle Eigenschaft unseres Charakters zu stärken oder eine fehlende hinzuzufügen. Nehmen wir an, du lernst eine Person kennen, die über ein schlechtes Durchhaltevermögen klagt. Sie bittet dich um Hilfe, damit sie ihre Ziele erreicht. Zwei Dinge sind nun zu tun. Einerseits den Ausdruck der Beharrlichkeit und des Durchhaltevermögens zu stärken. Beides Eigenschaften des Elementes Erde. Und andererseits zu prüfen, ob ein Muster vorhanden ist, welches die Person hindert, ihre Ziele zu verwirklichen. So ein Muster könnte zum Beispiel Angst vor Versagen sein.

Um zu erfahren, ob es ein Muster gibt, hilft meist ein offenes Gespräch mit der Person über ihre Vergangenheit, ihre Ziele und so weiter. Ein weiterer Vorteil eines solchen Gespräches ist, dass die Person Vertrauen entwickelt und dadurch offener für deine Hilfe wird. Du kannst ihr nämlich nur die Möglichkeit bieten, die Energie zu bekommen, die ihr fehlt. Annehmen muss sie diese Energie selbst. Natürlich hast du die Möglichkeit, ihr mit ein bisschen Übung die Energie aufzudrängen, aber das würde vermutlich zu beiderseitigen Komplikationen wie Abhängigkeit führen. Entdeckst du ein Muster, dann ist es wichtig, dieses Muster der Person zu erklären und ihr auch zu helfen, dieses Muster zu lösen. Versuche gemeinsam mit der Person zu analysieren, wie das Muster entstanden ist.

Gleichzeitig suche aber auch bei dir selbst nach diesem Muster, denn mit großer Wahrscheinlichkeit findest du das gleiche oder ein ähnliches bei dir. Du begegnest niemandem in deinem Leben grundlos. Finde die Lektion, die du in dieser Situation zu lösen oder zu lernen hast. Es ist oft sehr hilfreich, sich während der Musteranalyse einige Notizen über sich und die andere Person in Bezug auf das Muster zu machen.

Bei solchen Gesprächen ist es sehr wichtig, nicht nur zu hören sondern zu horchen. Der Unterschied zwischen Hören und Horchen ist der, dass du beim Zuhören die Worte der Person wahrnimmst und beim Horchen die ganze Person als Ausdruck der Sprache betrachtest und versuchst, den Ursprung des Ausgedrückten zu erkennen.

Sollte die Person nicht bereit sein mitzuarbeiten, und das kommt im Gespräch, durch ihr Verhalten und ihren Grad an Offenheit sehr schnell heraus, will sie wahrscheinlich in ihrem Inneren ihre Situation gar nicht verändern. Die Erfolgschancen sind dadurch minimal. Auch das ist der Person offen und ehrlich mitzuteilen. Manchmal ändert diese Mitteilung ihre Einstellung, manchmal wird es als Angriff gesehen (Direkttreffer auf ein Muster).

An diesem Punkt musst du entscheiden, ob du weitermachst oder nicht. Wenn du weitermachst, kommt jetzt der eigentliche Teil der Energiearbeit. Du weißt an diesem Punkt, welche Energie mit welchen Eigenschaften zu erschaffen ist. Es gibt mehrere Möglichkeiten, wie du diese Energie der anderen Person zukommen läßt. Sie kann anwesend oder abwesend sein und du kannst ihr die Energie direkt oder über einen Gegenstand zukommen lassen.

Die Vorgehensweise kann wieder in einzelne Abschnitte eingeteilt werden.

a. Vorbereitung

b. Energieerschaffung

c. Prägung

d. Verwendung

a. Vorbereitung

Die Vorbereitung sollte wieder schriftlich im Energietagebuch gemacht werden.

Datum & Zeit: 23.12.2003

Art der Energiearbeit: Stärkung des Durchhaltevermögens

Art der verwendeten Energie: Element Erde

Art der Prägung: Eigenschaftsprägung

Prägungsbild: Person X, wie sie im Dauerlauf ein Ziel erreicht

Art der Energiezuführung: direkt

Erkannte Muster: Angst vor Misserfolg

Erfolg: (Wird wie immer als Abschluss eingetragen.) Nachdem ich ohne Schwierigkeiten die Energie erzeugt und geprägt habe, konnte die Person X die Energie sehr gut annehmen.

Erkenntnis: Durch die Energiearbeit mit Person X wurde ich wieder an meine eigenen noch offenen Ziele erinnert, welche ich selbst aus Angst, sie nicht zu erreichen, verdrängt habe. Ich beschloss daher, dieselbe Energie wie Person X aufzunehmen, um an mir selbst weiter zu arbeiten.

Anmerkung 15.01.2004 Person X suchte mich auf und berichtete mir voller Stolz, dass sie eines Ihrer Ziele erreicht hat. Sie hat auch sehr viel über ihre Angst vor Versagen nachgedacht und ist auf dem besten Weg diese Angst hinter sich zu lassen.

b. Energieerschaffung

Erschaffe die Energie Erde, wie du es für dich gelernt hast. Zu beachten ist, daß diese Energie für eine zweite Person ist.

c. Prägung

Für die Prägung verwendest du nun das gewählte Prägungsbild. Stell dir das Bild so plastisch und dynamisch wie nur möglich vor und lasse dann die erzeugte Energie in dieses Bild einfließen. Du kannst dir auch vorstellen, dass sich die erzeugte Energie gleich direkt zu diesem Prägungsbild formt. Je plastischer und realer das Bild ist, desto besser ist die Prägung.

d. Verwendung

Bei der Verwendung geht es nun darum,auf welche Weise du die erzeugte und geprägte Energie der Person X zukommen läßt. Zwei grundlegende Varianten stehen zur Verfügung: direkt oder indirekt mit Hilfe eines Gegenstandes. Beide wirken gleich gut und sind nur von der individuellen Einstellung der Person X abhängig.

Direkt

Wenn die Person X anwesend ist, solltest du sie bitten, sich zu entspannen. Du kannst sie auch mit Hilfe einer kleinen geführten Meditation in Entspannung versetzen. Um ihr Zugang zur erzeugten und geprägten Energie zu verschaffen, mache dir bewußt, dass die Energie in ihrem Energiefeld zu ihrer Verwendung steht. Wie du weißt, durchdringt das Energiefeld eines Menschen einen sehr großen Bereich seiner Umgebung und nimmt dadurch Energien aus dem Umfeld auf. Zur Verstärkung stelle dir vor, dass der ganze Raum von der erzeugten Energie durchdrungen ist und Person X diese Energie in sich integriert. Wenn du möchtest, kannst du diese Energie selbst auch aufnehmen und sie gleichzeitig in dich integrieren.

Ist die Person X nicht anwesend, dann stelle dir vor, dass die erzeugte Energie zu Person X fliegt und sie, egal wo sie sich gerade aufhält, wie ein Mantel umgibt.

Die Energieintegrierung sollte in beiden Fällen ungefähr 30 Minuten lang gemacht werden. Danach ist die Energie meistens verbraucht. Sollte noch Energie übrig sein, kannst du länger warten oder den Rest wieder auflösen.

Es ist nicht unbedingt notwendig, die Visualisation während der ganzen Zeit aufrecht zu erhalten. Aber du solltest zumindest mit deiner ganzen Aufmerksamkeit bei der Sache bleiben und immer wieder dir das Bild vorstellen.

Schicke die erzeugte Energie nicht in den physischen Körper einer Person, sondern immer in ihre Umgebung, denn sonst verletzt du ihren freien Willen.

Indirekt mit Hilfe von Gegenständen

Wenn Person X gerne einen Gegenstand möchte, der ihr hilft ihr Problem zu lösen, dann wählst du gemeinsam mit ihr einen passenden aus, der wenn möglich eine artverwandte Energie ist. Fülle die erzeugte und geprägte Energie mit Hilfe deiner Vorstellungskraft in den Gegenstand und bitte Person X diesen Gegenstand zumindest 48 Stunden bei sich zu tragen. Edelsteine sind hierfür sehr gut geeignet. Möchtest du die Eigenschaftsprägung für dich selbst anwenden, brauchst du nur dich selbst als Person X betrachten.

12.2. Symbolprägung

Symbole sind grafische Definitionen von Energien und ihren Eigenschaften. Sie werden meist als Definitionsbilder sowohl für die Energieerschaffung wie auch für das Prägen von Energie verwendet. Es gibt zahlreiche überlieferte Symbole aus den verschiedensten Kulturen, die alle zur Verwendung stehen. Man kann aber auch selbst Symbole erschaffen, um damit zu arbeiten. Wichtig ist, dass sie für dich selbst ein klares, eindeutiges Bild für eine Energie sind. Das gilt für selbst erschaffene wie auch für überlieferte Symbole. Nachschlagewerke über verschiedene Symbole gibt es im Buchhandel genügend. Der Ablauf der Symbolprägung ist nach Auswahl oder Erschaffung eines Symbols, gleich wie bei der Eigenschaftsprägung nur, dass das Symbol als Prägungsbild verwendet wird.

12.3. Prägung mit Hilfe von materiellen Substanzen

Diese Form der Prägung wird meistens eingesetzt, wenn auf Grund einer Disharmonie im Menschen eine Substanz zugeführt werden muss, die selbst giftig ist oder unangenehme Nebenwirkungen hervorruft.

Als Grundenergie eignet sich bei dieser Aufgabe meistens die Energie des 5. Strahls, welcher für Heilung zuständig ist. Zur Prägung selbst benötigt man ein bisschen der materiellen Substanz, die zugeführt werden soll. Hat man die Grundenergie erzeugt, wird sie mit Hilfe der Vorstellung durch die Substanz geleitet, um deren positive Eigenschaften anzunehmen. Wichtig ist es, sich hierbei wirklich nur auf die positiven Eigenschaften der Substanz zu konzentrieren, um nicht die ungewünschten Eigenschaften mit zu prägen. Das Ganze wird so oft wiederholt, bis man sicher ist, dass die Grundenergie die gewünschten Eigenschaften aufweist.

Die Art, wie die Energie der Person zugeführt werden kann, ist wieder gleich wie bei der Eigenschaftsprägung oder wie du es dir selbst ausgedacht hast. Wichtig ist wieder, für zweite Personen die Energie aus dem Kosmos zu holen und nicht direkt in ihren physischen Körper sondern in das Umfeld zu schicken. Die restliche Verpackung hängt von deiner Vorstellung ab. Vielleicht kennst du einen Engel, der die Energie zur gewünschten Person bringt, oder du arbeitest in der Massage und ladest das Massageöl mit der Energie auf. Es gibt viele Verpackungen für ein und dieselbe Handlung. Paracelsus arbeitete mit dieser Art der Prägung sehr viel.

12.4. Prägung von Nahrung

Das Prägen von Nahrung ist in allen Kulturen bekannt. In unserem Kulturkreis ist es das Tischgebet. Leider ist diese Tradition bis auf wenige Ausnahmen verloren gegangen oder verunstaltet worden. Eine typische Verunstaltung ist das laute Vorbeten eines Einzelnen am Tisch. Jeder sollte immer für sich selbst die Nahrung prägen, da ansonsten nur allgemeine Floskeln geprägt werden. Die Nahrung selbst ist eine sehr starke Energie, welche den Menschen, wie bekannt ist, am Leben erhält. Sie wird direkt dem physischen Körper zugeführt, dort in jede Zelle gebracht und auch weiter hinaus in den feinstofflichen Bereich des Körpers geleitet. Wünscht man nun irgend etwas an sich oder seinem Leben zu verändern, dann ist es eine einfache und gute Möglichkeit, das ganze über die Nahrungsaufnahme zu steuern. Es ist nicht notwendig, extra eine Energie zu erschaffen, da die Nahrung selbst Energie ist, die auch geprägt werden kann. Es wird einfach das gewünschte Prägungsbild in die Nahrung projiziert und mit ihr verbunden. Dieser Vorgang sollte etwa eine Minute dauern. Je bewusster die Nahrungsaufnahme dann vollzogen wird, desto schneller kann die Prägung wirken. Diese Art der Prägung sollte nur für sich selbst in Anspruch genommen werden. Ausnahmen sind Kinder und Personen, die auf Grund von körperlichen oder geistigen Gebrechen nicht fähig sind, eine Prägung durchzuführen. Faulheit ist kein Gebrechen.

12.5. Herstellung von Essenzen

Essenzen sind geladene flüssige Substanzen, die für die innere Anwendung bestimmt sind. Sie wirken gleich wie die Nahrung sehr gut und schnell auf den Menschen und sein Leben ein. Der Vorteil von Essenzen ist ihre einfache Handhabung, wenn sie einmal hergestellt sind. Mittlerweile gibt es eine Vielzahl von Essenzen mit den verschiedensten Wirkungsbereichen zu kaufen. Einige dieser Essenzen sind Bachblüten, Orchideenessenzen, Edelsteinessenzen, Rosenessenzen, Essenzen von Kraftplätzen, Delphinessenzen und so weiter. Jeder, der gelernt hat, mit Energien umzugehen, kann selber solche Essenzen herstellen. Als Trägerstoff für die Energie einer Essenz wird meistens hochwertiges Wasser verwendet. Dieses Wasser wird mit einer kleinen Menge hochwertigem Alkohol (kein medizinischer) vermischt, um das Wasser haltbar zu machen. Sehr gut geeignet und am meisten verwendet wird Cognac. Die Ladung der Essenz ist vorwiegend eine Energiestauung. Durch diese Stauung kommt es, dass 3 mal am Tag 2 – 4 Tropfen einer verdünnten Essenz genügen, um zu wirken. Eine pure gestaute Essenz wird Stockbottle genannt. Ihre Energie ist so stark, dass sie nur in Ausnahmefällen pur eingenommen werden sollte. Im Durchschnitt reichen 1–2 Tropfen einer Stockbottle für 10 ml Essenz, die zur Einnahme bestimmt ist.

Bei der Herstellung werden oft Hilfsmittel verwendet, um die Energiestauung zu verstärken und zu beschleunigen. Einige der Hilfsmittel sind Bergkristalle, Pyramidensysteme, elektromagnetische Felder, Rituale, Mondphasen, astrologische Planeteneinflüsse, Orte der Kraft, Gruppenmeditationen und so weiter. Trotz allem, um eine Essenz herzustellen, brauchst du nur dich selbst, Wasser und einen Schuß Cognac.

Die verwendete Energie sollte immer direkt aus dem Kosmos geholt werden, da eine Essenz meistens für mehrere Menschen bestimmt ist. Einer einzelnen Essenz sollten auch nicht zu viele verschiedene Wirkungen gegeben werden, da sonst bei der Anwendung eine Reaktion in unterschiedlichen Bereichen gleichzeitig passiert. Das könnte dann zu einer Art von Heilungs- oder Entwicklungsstress führen.

Die Herstellung selbst kann wieder in einzelne Phasen eingeteilt werden.

a. Vorbereitung

b. Erzeugung oder Verbindung

c. Stauung

d. Prägung

e. Anwendung

a. Vorbereitung

Die Vorbereitung ist einerseits schriftlich im Energietagebuch festzuhalten, andererseits wird eine Tropfflasche (erhältlich in Apotheken) in der passenden Größe für die herzustellende Menge von Essenz, mit zwei Drittel Wasser und einem Drittel Cognac gefüllt, benötigt.

Datum & Zeit: 16.12.2003 – 23.12.2003

Art der Energiearbeit: Herstellung einer Essenz

Art der Essenz: Essenz zur Aktivierung der Selbstheilungskräfte

Art der Energie: 5. Strahl

Prägungsbild: Äskulapstab

Erfolg: (Wird wie immer als Abschluss eingetragen.) Nachdem ich sieben Tage lang täglich 60 Minuten Energie in den Trägerstoff der Essenz gestaut habe, verband ich die gestaute Energie mit dem Definitionsbild. Ich ließ die fertige Essenz von einigen meiner Bekannten überprüfen und alle einschließlich mir selbst kamen zum gleichen Ergebnis, dass es eine stark heilende Essenz geworden ist.

b. Erzeugung oder Verbindung

Gemäß der verwendeten Energie wird sie entweder direkt aus dem Kosmos erzeugt oder von einem Energieplatz geholt.

c. Stauung

Die Stauung erfolgt, wie bereits gelernt, direkt in die Trägersubstanz. Je stärker sie ist, desto stärker ist die Essenz. Sie sollte einige Tage lang wiederholt werden.

d. Prägung

Alle Arten der Prägung können verwendet werden.

e. Anwendung

Die Anwendung erfolgt wie bereits beschrieben. Meistens 1 bis 2 Tropfen der Stockbottle in 10 ml gleich gemischte Trägersubstanz geben, kurz schütteln und dann 3 mal täglich 2 bis 4 Tropfen einnehmen. Natürlich kann es sein, dass du beim Austesten der fertigen Essenz auf eine andere Dosierung kommst. Es ist deine Essenz und du musst die genaue Dosierung festlegen. Ich habe bei selbstgemachten Essenzen oft erlebt, dass sie im Laufe der Anwendung ihren Geschmack geändert haben. Diese Geschmacksänderung tritt durch die Reaktion der gestauten und geprägten Energie mit der Trägersubstanz auf. Dieses Phänomen hat keinen Einfluss auf die Wirkung.

12.6. Prägen mit Hilfe von Pyramiden

Pyramiden sind, wenn sie im Maßstab der Cheopspyramide gemacht sind, eine Art von feinstofflichem Energiegenerator. Sie produzieren, wenn sie richtig aufgestellt sind (eine Seitenfläche zeigt nach Norden, die andere nach Süden) selbständig eine sehr interessante Energie. Diese Energie entsteht durch die Ausrichtung der Pyramide auf einen speziellen Punkt im Kosmos, den Sirius, welcher das Definitionsbild liefert und die Ausrichtung in Bezug auf die Erde und ihr elektromagnetisches Kraftfeld, welches für die Füllung mit Energie zuständig ist. Die natürlichen Eigenschaften der Pyramidenenergie sind reinigend, neutralisierend, elastisch, haltbarmachend, regenerierend.

Über Experimente und Verwendungen von Pyramiden findet man im Fachhandel genügend Literatur. Ich möchte nur auf die Möglichkeit der Verwendung der Pyramidenenergie in Bezug auf die Energiearbeit hinweisen. Will man die Pyramidenenergie als Grundenergie stauen, dann wird gleich verfahren wie bei einer Naturenergie.

Die Ladung eines Gegenstandes mit Pyramidenenergie funktioniert automatisch und bedarf keiner Visualisation. Der zu ladende Gegenstand wird einfach in die Pyramide gelegt. Will man die Pyramidenenergie als Prägungsbild verwenden, dann positioniert man einfach die fertig geladene oder gestaute Grundenergie für einige Stunden in der Pyramide. Hierbei kann es vorkommen, dass die Pyramidenenergie durch ihre Eigenschaften der Reinigung und Regeneration die Grundenergie neutralisiert. In diesen Fällen muss nach der Prägung nachgeladen oder nachgestaut werden. Eine Möglichkeit, diesen Effekt weitgehend zu vermeiden, ist die zu prägende Energie in einen artverwandten Trägerstoff zu laden und Trägerstoff und Energie so gut wie nur möglich in der Vorstellung miteinander zu verbinden, so dass beide eins werden. Pyramidenenergie reinigt und neutralisiert nur sogenannte Fremdenergie. Von Fremdenergien spricht man, wenn zwei Energien an einem Ort sind und sie sich nicht direkt miteinander verbunden haben. Die Fremdenergie ist dann meist die schwächere oder neuere Energie. Durch diese Eigenart der Pyramidenenergie sind Pyramiden eine hervorragende Methode, um Gegenstände und auch Örtlichkeiten zu reinigen und sie zu ihrer Grundenergie zurück zu bringen.

12.7. Astrologische Prägung

Die astrologische Prägung ist eine Art der Prägung, die denen vorbehalten bleibt, die sich auf dem Gebiet der Astrologie geschult haben. Wie bekannt ist, haben Planeten auf Grund ihrer Eigenenergie, ihrer Position in Bezug auf die Erde und in Bezug auf die anderen Planeten unterschiedliche Einflüsse auf Lebewesen. Dieser Einfluss ist aber nicht nur auf Lebewesen beschränkt, sondern er wirkt auf alles ein, was in ihrem Einflussgebiet liegt.

Die Planeten und ihre Position wirken als ein Definitionsbild für die Urenergie und bekommen so Kraft um zu wirken. Diese Energien der Planeten können nun gleich wie Naturenergien sowohl zur Prägung wie zur Ladung und zur Stauung verwendet werden.

Dieser Vorgang ist auch der Grund, warum ein Geburtshoroskop eine sehr genaue Aussage über eine Person machen kann. Jede Person wird mit den ersten Energien, mit denen sie in ihrem persönlichen Leben in Kontakt kommt, am stärksten geprägt. Dadurch ist der Geburtsvorgang ein so wichtiger und es sollte immer darauf geachtet werden, welche Energie in der räumlichen Umgebung einer Geburt herrscht. Planeteneinflüsse können nicht einfach geändert werden, sehr wohl aber die Atmosphäre des Ortes.

12.8. Abnahme einer Prägung

Das Abnehmen einer Prägung bedeutet, dass ein vorhandenes Definitionsbild genau kopiert wird. Es ist einfach nur eine Erleichterung der persönlichen Arbeit, da es das Machen eines Prägungsbildes ersetzt. Es gibt verschiedene Möglichkeiten, um eine solche Kopie zu machen. Einerseits rein nur mit der bewussten Vorstellungskraft. Dies ist meistens keine Erleichterung, sondern nur eine andere Variante der Erschaffung eines Prägungsbildes. Oder mit Hilfe von Übertragungsstäben und Übertragungssymbolen. Einige dieser Übertragungshilfsmittel haben die Fähigkeit, nicht nur Prägungen zu kopieren, sondern auch die nötige Energie herzustellen, um das Prägungsbild zu füllen. Leider wird mit diesen Übertragungshilfsmitteln eine große Geschäftemacherei betrieben. Trotzdem gibt es einen der besten und ältesten Übertragungsstäbe recht günstig zu erwerben. Er stammt aus der alten Kultur von Ägypten und wird das Isis-Pendel genannt. Es ist ein altes oft getestetes Hilfsmittel, welches sowohl Prägungsbilder wie auch Energien kopiert. Die Praxis der Übertragung hängt vom jeweils verwendeten Hilfsmittel ab.

Eine einfache Methode der Energieabnahme ist die mit dem eigenen Körper. Die linke Seite des Menschen ist aufnehmend und die rechte Seite des Menschen ist abgebend. Diese Tatsache bewirkt, dass es dem Menschen möglich ist, Energien mit der linken Hand aufzunehmen und mit der rechten Hand gleichzeitig wieder abzugeben. Diese Eigenart des Körpers kann zur Abnahme von Prägungen verwendet werden. Allerdings nur für sich selbst, da es ein Energiefluss durch den Körper ist. Dadurch entsteht gleichzeitig mit der Prägung der abgenommenen Energie auch eine Prägung mit der Eigenenergie. Bei dieser Technik kann es schnell zu einer körperlichen Überlastung kommen. Deswegen bitte immer vorsichtig anwenden und erst genau prüfen, welche Energie durch den Körper fließen wird.

Energien für andere werden nicht durch den eigenen Körper gelenkt. Deswegen kann diese Technik nur für sich selbst verwendet werden.

Übung 21

Prägen von Energien
Übe alle Arten das Prägens von Energien für dich selbst und wenn die Zeit reif ist, kommst du in die Situation, dass du von einer anderen Person um Hilfe gebeten wirst. In dem Augenblick kannst du genug, um ihr zu helfen.

13. Was ist ein Ritual?

Um zu erklären was ein Ritual ist, muss zuerst festgestellt werden, dass unter den Namen Ritual viele verschiedene Techniken fallen. Jede dieser Techniken ist etwas vollkommen anderes. Deswegen beschreibe ich hier die grundlegenden Rituale mit ihren verschiedenen Aufgaben.

Alle haben etwas gemeinsam, nämlich je bewusster, das heißt, mit Körper, Seele und Geist gleichzeitig, ein Ritual durchgeführt wird, desto erfolgreicher wird es sein. Vor allem die körperliche Ebene wird gerne vergessen. Rituale sind erst dann Rituale, wenn eine körperliche Handlung, das heißt eine Bewegung, gemacht wird. Und je öfter es wiederholt wird, desto mehr Kraft hat das Ritual. Bei manchen Arten von Ritualen entsteht ohne Bewusstheit überhaupt keine Wirkung. Folgende Arten von Ritualen möchte ich erklären:

Lehrritual

Einweihungsritual

Bindungsritual

Energieritual

Gestikulationsritual

Opferritual

Alltagsritual

13.1. Lehrritual

Ein Lehrritual ist ein Schauspiel, welches eine Situation oder ein Ereignis nachahmt, um daraus zu lernen oder um es nicht zu vergessen. Es hatte seine Hochblüte im Mittelalter und war gleichzusetzen mit der heutigen Zeitung. Der Minnesang war oft die Untermalung eines solchen Schauspieles. Es wurde und wird in Gebieten, wo Analphabetismus stark verbreitet ist, häufig angetroffen. Krippenspiele sind ein typisches Beispiel eines Lehrrituals, welches einige Jahrhunderte überdauert hat. Ursprünglich wurden mit ihm die Ereignisse um Christi Geburt dem einfachen Volk gelehrt und es wurde dafür gesorgt, dass dieses Ereignis nicht in Vergessenheit gerät. Ein anderes Beispiel, welches laut Legende auf Hermes Trismegistos, einen ägyptischen Eingeweihten, zurückgeht, ist das Tarot oder der Tarock. Er kam auf die Idee, altes, spirituelles Wissen mit Hilfe von Spielkarten aufrecht zu erhalten. Er bediente sich hierbei eines Lasters der Menschheit, das es im alten Ägypten bereits gab: das Kartenspielen. Er entwarf einfache symbolische Darstellungen eines komplexen spirituellen Einweihungssystems, welches unter dem Namen „Das Buch Toth“ bekannt ist. Er mischte diese Karten einfach unter das Volk. Die jüdische Kultur verbreitete es im Laufe der Zeit dann über die ganze Erde und nahm das Wissen von dem Buch Toth unter dem Nahmen Kabbala in seine Religion auf. Das heutige bekannte dazugehörige Kartenspiel wird Tarock genannt. Heute wird Tarock nicht mit Tarotkarten gespielt, sondern es werden vereinfachte Karten mit leicht abgewandelter Bezeichnung verwendet.

Wer die Zusammenhänge der Tarotkarten durchschaut, kann viele Erkenntnisse und Weisheiten in ihnen finden. Demnach ist Tarot kein Wahrsagesystem sondern ein Lehrbuch. Auch einige große Schriftsteller versuchten, mit Hilfe von Theaterstücken spirituelles Wissen am Leben zu erhalten und weiter zu geben. Zwei der besten sind meines Erachtens in dieser Hinsicht Shakespeare und Goethe.

Heutzutage hält das Lehrritual gerade Einzug in das moderne Schulsystem, um trockenen Unterrichtsstoff aufzulockern und interessanter zu gestalten.

13.2. Einweihungsritual

Ein Einweihungsritual ist ein Bewusstwerdungshilfsmittel, welches sich auf einen neuen Abschnitt im Leben bezieht. Es soll die neuen Pflichten und Möglichkeiten, wie auch die Gefahren aufzeigen, die mit dem Eintritt in den Lebensabschnitt einhergehen. Es ist auch ein bewusstes Abschließen mit dem Alten und ein ebenso bewußtes Empfangen das Neuen. Die Formen von Einweihungsritualen sind sehr vielseitig. Sie können vom Schauspiel über Feuerlaufen bis hin zum Legen eines Mandalas gehen.

Es gibt auch Kombinationen aus Einweihungsritualen und Energieritualen. Diese Verbindung wird meistens verwendet, um feinstoffliche Fähigkeiten weiter zu geben. Reiki ist eine der bekantesten Techniken, wo ein solches Ritual durchgeführt wird.

Übung 22

Ein kleines Einweihungsritual *in die Energiearbeit: Du benötigst eine Kerze und ein Stück Kreide. Jedes Ritual sollte mit Ehrfurcht durchgeführt werden. Vor dem Beginn werden der Ort und der Körper gereinigt. Wichtig ist auch, mögliche Störungen von vornherein zu verhindern. Telefone und Türglocken sollten abgeschaltet werden.*
Ziehe mit der Kreide einen ungefähr 2 Meter langen Strich am Fußboden. Diese Linie ist die Grenze zwischen dem Alten und dem Neuen. Stelle auf einer Seite die angezündete Kerze auf den Boden oder auf ein keines Tischchen und mache dir bewusst, dass diese Kerze mit ihrer Flamme das Arbeiten mit Energie bedeutet. Stelle dich selbst auf die andere Seite der Linie und sammle dich einige Minuten. Wenn du bereit bist, drehe dich mit dem Rücken zur Kerze und blicke für einige Minuten mit deinen Gedanken auf dein bisheriges Leben. Dann drehe dich wieder zur Kerze und blicke mit deinen Gedanken für einige Minuten auf deine Wünsche und Erwartungen in Bezug auf dein zukünftiges Leben. Bist du damit fertig, dann nimm deine ganze Bewusstheit zusammen und überschreite die Grenze vom Alten ins Neue mit einem Schritt.

Du kannst zur Unterstreichung auch so tun, als würdest du eine Türe öffnen und sie durchschreiten. Bleibe wieder einige Minuten mit dem Blick auf die Kerze gerichtet stehen und empfange das Neue in deinem Leben. Werde dir deiner neuen Möglichkeiten bewusst. Gehe jetzt ganz nah zur Kerze und führe deine beiden Handflächen zur Flamme. Spüre die Hitze und teste, wie weit du an die Flamme kannst, ohne dich zu verbrennen. Mache dir an dieser Stelle bewusst, dass es in der Energiearbeit auch Gefahren und Gesetze gibt, die es zu beachten gilt, weil du dir bei Nichtbeachtung die Finger verbrennen kannst. Drehe dich dann wieder mit dem Rücken zur Kerze und blicke in deine Vergangenheit. Entscheide hier und jetzt, ob du diesen Weg gehen willst oder nicht.

Wenn ja, dann verwische mit den Händen die Grenze am Boden und lasse so deine Erfahrungen aus der Vergangenheit miteinfließen in deine Zukunft. Als letztes gehe jetzt zur Kerze und blase sie bewusst, als einen Akt der Energiebeherrschung, aus. Sei dir sicher, dass du jederzeit einen anderen Weg einschlagen kannst. Halte noch einige Minuten inne und danke dir selbst für deine Entscheidung.

Wenn du dich dagegen entscheidest, dann überschreite die Grenze, gleich wie du sie hierher überschritten hast, zurück. Verwische die Grenze am Boden und grenze dich so von diesem Weg ab. Gehe dann zur Kerze und lösche sie aus. Sei dir bewusst, dass du sie jederzeit wieder entzünden kannst, wenn du dich doch für diesen Weg entscheidest.

Halte noch einige Minuten inne und danke dir selbst für deine Entscheidung.

13.3. Bindungsritual

Jeder Schwur oder Vertrag ist ein Bindungsritual. Er kann verschiedene Formen haben, wie zum Beispiel ein schriftlicher Vertrag, ein Handschlag, ein verbaler Schwur gekoppelt mit einem Bild, Symbole, wie der Ehering, Schauspiele, die die Bindung voll bewusst durchspielen, und so weiter. Je öfter ein Bindungsritual angewendet wird, desto stärker und sicherer ist seine Wirkung. Bei allen Varianten eines Bindungsrituales wird ein kosmisches Gesetz in Aktion gerufen. Das Gesetz von Ursache und Wirkung. Es wird auch die göttliche Vorhersehung genannt. Mit Hilfe des Bindungsrituales wird eine Ursache gesetzt und gleichzeitig die göttliche Vorhersehung angerufen, die passende Wirkung zu erzeugen. Da die göttliche Vorhersehung auf neutralen Gesetzen beruht, wird sie immer die exakte Wirkung hervorrufen. So kann es passieren, dass es bei der Erfüllung auch unangenehme Nebenwirkungen gibt oder die Wirkung scheinbar eine ganz andere ist als erwartet.

In dieses Gebiet fallen auch Pakte, das sind negative oder selbstherrliche Bindungen mit feinstofflichen Wesenheiten.

13.4. Energierituale

Energierituale sind Rituale, die direkt in der Energiearbeit eingesetzt werden. Sie funktionieren nur, wenn sie voll bewusst mit Körper, Seele und Geist ausgeführt werden. Ihr Zweck ist es, die Energiearbeit zu erleichtern und zu beschleunigen. Eine Energiearbeit mit Hilfe eines Energierituals durchzuführen, ohne gelernt zu haben, wie die Energiearbeit alleine funktioniert, ist nicht unbedingt empfehlenswert. Es kann zu Komplikationen führen, da das Wissen und die Fähigkeit des Umgangs mit Energien fehlen. Die Formen von Energieritualen sind wieder sehr zahl- und variantenreich und unterschiedlich. Sie dienen immer der Energiearbeit, wie zum Beispiel der Erschaffung von Energie oder der Prägung.

Energierituale funktionieren auf Grund einer bewusst erzeugten Verbindung zwischen der Energiearbeit und der Handlung des Rituals.

13.5. Gestikulationsrituale

Das Gestikulationsritual ist meist ein Energieritual, welches nur mit Hilfe von Fingerstellungen und Handstellungen funktioniert. Es ist sehr brauchbar, um es auch in Gesellschaft von anderen Personen unbemerkt durchzuführen. Fingermudras fallen in dieses Gebiet. Ansonsten gilt das gleiche wie bei allen Energieritualen auch.

13.6. Opferrituale

Opferrituale sind Hilfsmittel, um Energie zu erzeugen. Wenn ein Stoff durch Verbrennen, Verrotten oder andere Zersetzungs- und Auflösungsmethoden vernichtet wird, dann setzt er die gespeicherten Energien, aus denen er bestand, frei. Diese Energien können dann für die weitere Energiearbeit verwendet werden. Auch der Körper macht dieses Ritual täglich mit der Nahrung, wenn er sie verdaut.

Wichtig hierbei ist, dass Lebewesen auf Grund des dadurch erzeugten Karmas, nicht verwendet werden dürfen. Außerdem nehmen sie ihre freigesetzten Energien mit, um ihren nächsten Körper aufzubauen. Daher steht ihre Energie nicht zur Verfügung. Ein Fehler, der im Altertum oft begangen wurde, häufig absichtlich, um Angst zu erzeugen. Ein paar dieser Opferrituale haben es geschafft, sogar in unserer Kultur, zumindest dem Namen nach, zu überleben. Zum Beispiel die Martinigans und das Osterlamm. Sehr gut geeignet sind für solche Rituale Räucherwerk und Früchte. Eine andere Art des Opferrituals ist das bewusste Geben. Hierbei geht es um Erschaffung von positivem Karma. Das ist sehr einfach. Man gibt einfach aus ganzem Herzen Hilfe an hilfsbedürftige Lebewesen. Ob die Hilfe durch finanzielle Unterstützung, durch Lebensmittel oder durch persönlichen Einsatz erfolgt, ist egal. Auch die Größe der Hilfe ist nicht so sehr ausschlaggebend, sondern die Tat selbst. Wirf zum Beispiel dem nächsten Straßenmusikanten etwas Kleingeld in den Korb und höre ihm einige Zeit zu.

13.7. Alltagsrituale

Alltagsrituale sind Handlungen die jeden Tag oder in regelmäßigen Abständen im Leben ausgeführt werden, wie zum Beispiel Zähneputzen, Ankleiden, Körperpflege und so weiter. Alle diese Dinge sind kleine Rituale und du kannst sie auch als solche verwenden, um gewisse Energien zu erzeugen oder zu verstärken. Je bewusster du diese kleinen Alltagsrituale ausführst, desto bewusster wird dein Leben und du kannst viel über dich lernen. Trink einmal direkt aus der Wasserleitung und beobachte dich dabei. Mit welcher Seite deines Gesichtes schaust du zum Wasserhahn und mit welcher weg. Probiere es einmal umgekehrt.

14. Erschaffen eines Energierituales?

Um ein Energieritual richtig durchzuführen, ist es am einfachsten zu lernen, wie man sich selbst ein solches Ritual macht. Das Wichtigste bei dieser Art von Ritual ist, dass es voll bewusst mit Körper, Seele und Geist gleichzeitig durchgeführt wird. Es geht einfach darum, dass du es in deiner Gesamtheit machst. Wie auch schon erwähnt, bekommt jedes Ritual und ganz besonders das Energieritual, je öfter es durchgeführt wird, mehr Kraft um zu wirken. Diese Eigenschaft wird allgemein das Laden eines Rituals genannt. Warum das so ist, steht im Zusammenhang mit dem sogenannten morphogenetischen Feld.

Das morphogenetische Feld ist eine Art von kosmischem Gedächtnis, welches ähnlich wie die Urenergie alles durchdringt. Es wurde und wird von Naturwissenschaftlern erforscht und mit Versuchen nachgewiesen. Einer der bekanntesten Versuche ist der, dass Wissenschaftler einer Affenherde beibrachten, ihre Nahrung vor dem Verzehr im Meer zu waschen. Einige hundert Kilometer weiter auf einer Insel konnte man nach einiger Zeit beobachten, dass die dort lebenden Affen unabhängig davon begannen, ihre Nahrung auch im Meer zu waschen. Die Wissenschaft erkannte daraus, dass es eine Art von kollektivem Lernen bei Lebewesen gibt. Ein ähnlicher Versuch wurde auch bei Menschen unternommen. Hier wurde ein Katalog mit beinahe unlösbaren Logikrätseln verwendet. Dieser Katalog wurde unter Geheimhaltung der Reihe nach an verschiedenen Universitäten von Testpersonen gelöst. Das Ergebnis dieser Testreihe war erstaunlich für die Wissenschaftler. Mit jeder Universität, an der die Testreihe durchgeführt wurde, nahm die Quote der richtigen Lösungen beträchtlich zu. Da bei der Auswahl der Testpersonen darauf geachtet wurde, jedesmal das gleiche intellektuelle Niveau zu haben, erkannten die durchführenden Wissenschaftler, dass auch die Menschheit einer Art von kollektivem, unbewusstem Lernen ausgesetzt ist. Durch diese wissenschaftliche Erkenntnis ist es leicht, den alten Ausspruch in der Esoterik zu verstehen, wo es heißt:

"Das Weltbild und die Einstellung des Einzelnen formen das Ganze."

Dieses morphogenetische Feld ist in den alten Einweihungslehren seit Jahrtausenden bekannt. Der am meisten gebrauchte Name dafür ist Akashachronik. Alles, was geschieht, wird in diesem morphogenetischen Feld gespeichert und aufgezeichnet.

Wenn nun eine Energiearbeit in Form eines genau definierten Rituals gemacht wird, dann entsteht im morphogenetischen Feld eine Art von Energieblase, welche die Funktion und die Wirkung des Rituals speichert. Je öfter diese Energiearbeit gemeinsam mit dem Ritual ausgeführt wird, desto stärker wird diese Energieblase aufgeladen. Es ist vergleichbar mit einem Persönlichkeitsmuster eines Menschen. Diese Energieblase reagiert auch gleich wie ein Persönlichkeitsmuster, nur dass sie ein kosmisches Persönlichkeitsmuster ist. Irgendwann ist diese Energieblase so stark, dass die Handlung des Rituals ausreicht, um die Wirkung zu erzielen. Genauso wie bei Persönlichkeitsmustern eine Situation ausreicht, um eine spezielle Energie mit ihren Eigenschaften auszulösen. In diesem Augenblick ist diese Art der Energiearbeit automatisiert und es ist nicht mehr notwendig, die eigentliche Energiearbeit mit ihren einzelnen Komponenten durchzuführen. Es reicht das Ritual.

Diese Tatsache ist einerseits sehr angenehm andererseits eine Gefahr. Wenn eine Person, die in der Energiearbeit nicht geschult ist, ein solches Ritual durchführt, dann wird sie im Ausmaß ihrer Bewusstheit die entsprechende Energiearbeit durch das Ritual in Gang setzen. Die Wirkungen, die dadurch bei ihr entstehen, sind abhängig von der Art der hervorgerufenen Energien. Es können positive wie auch negative Folgen sein.

Der Entwurf eines Rituals sollte immer im Zusammenhang mit der Energiearbeit stehen. Werden Gegenstände und Symbole verwendet, sollten sie den verwendeten Energien entsprechen. Der Form des Rituals sind keine Grenzen gesetzt. In der Überlieferung heißt es, dass ein Ritual 365 mal geladen werden muss, bis es von alleine wirkt. Diese Zahl beruht auf der Anzahl der Erdumdrehungen während die Erde einmal um die Sonne kreist. Kurz gesagt auf der Anzahl der

Tage eines Jahres. Der Hintergrund dafür ist, dass ein Sonnenumlauf der Erde in der Natur ein vollkommener Schöpfungsakt ist. Die Sonne ist eine sehr große Energiequelle und die Erde wie auch die anderen Planeten werden jeden Tag von morgens bis abends von ihr mit Energie versorgt. Das kann als eine Art von Ladung der Natur gesehen werden. Die Nacht wird als Anwendungszeit für die im Laufe des Tages gespeicherte Energie gesehen. Diese Zahl ist nicht bindend. Sie wurde nur als verschlüsselte Erklärung für das Erschaffen eines Rituals gegeben. Die vier Jahreszeiten symbolisieren die verschiedenen Schritte, die notwendig sind, ein Ritual zu erschaffen. Auch sie sind nicht bindend, aber sie verhalten sich gleich wie artverwandte Energien. Die Tage weisen darauf hin, dass die Ladung bereits bei der Vorbereitung des Rituals beginnt und es mit jeder Ladung stärker wird, bis es selbständig wirkt.

a. Der Winter steht für die Vorbereitung und die Ausarbeitung eines Rituals.

b. Der Frühling steht für das Einstudieren des Rituals.

c. Der Sommer steht für das Verbinden von Ritual und Energiearbeit.

d. Der Herbst steht für das kombinierte Anwenden des Rituals.

Auch bei der Erschaffung von Ritualen gilt, Energie für zweite Personen direkt aus dem Kosmos und Energie für sich selbst wahlweise direkt oder durch den Körper zu erzeugen und zu lenken.

a. Vorbereitung

Die Vorbereitung erfolgt wieder schriftlich im Energietagebuch. Sie beinhaltet die Informationen über die Energiearbeit und den Ablauf des Rituals mit der Erklärung der Symbolik. Verwendete Gegenstände und Symbole werden auch angeführt und erklärt.

Je genauer du das Ritual erklärst, desto stärker ladest du es jetzt bereits auf. Auch die Anzahl der durchgeführten Ladungen sollte aufgeschrieben sein.

Datum: 31.12.2003 bis ....

Art der Energie Arbeit: Reinigung und Auflösung von Fremdenergien / Erschaffung eines Reinigungsrituals

Art der Energie: 4. Strahl

Definitionsbild: klare kristalline Flamme

Prägungsbild: Ein hellblaues Glas welches über die Flamme gestülpt wird und ihr Licht oder ihre Ausstrahlung hellblau einfärbt. Alle Unreinheiten die von diesem hellblauen Licht bestrahlt werden, verbrennen im kurzen Aufflackern einer kristallinen klaren Flamme.

Art der Verwendung: Reinigung der Atmosphäre in Räumen, Reinigung von Edelsteinen

Ablauf der Arbeit: Energieerschaffung aus dem Kosmos, Prägung der Energie, Durchflutung des Raumes und der Edelsteine mit dieser Energie, Auflösung der restlichen noch vorhandenen Energie

Das Ritual

Hilfsmittel: Bergkristallspitze

Die Bergkristallspitze dient als Vorstellungshilfe für das Definitionsbild der kristallinen Flamme. Sie ist auch eine artverwandte Energie des 4. Strahls. Sie wird während des Rituals als symbolischer Vertreter des 4. Strahls behandelt. Sie sollte ungefähr 15 bis 20 cm hoch sein und selbständig mit der Spitze nach oben stehen. Vor dem Gebrauch in diesem Ritual ist sie unbedingt unter kaltem fließendem Wasser zu reinigen.

Persönliche Vorbereitung

Vor jedem Ritual sollte eine Körperreinigung gemacht werden und die verwendete Kleidung soll bequem und rein sein. Mögliche Störungsquellen werden von vornherein ausgeschaltet, wie Telefon, Türglocke, Wecker und so weiter. Aufregungen des Alltags, die das

Gemüt mit Nachwirkungen belegen, werden vorher abgeschlossen.

Ablauf des Rituals

Der gereinigte Kristall wird im Mittelpunkt des Raumes aufgestellt. Edelsteine oder andere Objekte, die zu reinigen sind, werden griffbereit daneben gelegt. Durch eine kurze Verbeugung begrüße ich den Bergkristall als Vertreter des 4. Strahls und verbinde ihn mit dem Definitionsbild der Energie. Ich stelle mir so plastisch wie nur möglich eine kristalline Flamme vor, die als wäre der Bergkristall eine Kerze, auf seiner Spitze ruht. Sobald mir das Definitionsbild voll bewusst ist, setze ich mich mit der Blickrichtung zu dieser Bergkristallkerze auf den Boden. Der Abstand ist so gewählt, dass ich ihn leicht aus dem Sitzen mit beiden Händen erreichen kann. Der nächste Schritt ist die Füllung des Definitionsbildes mit Urenergie. Ich mache mit der rechten Hand eine Bewegung, als würde ich ein imaginäres Streichholz in der Luft anzünden und betrachte dieses Streichholz einige Zeit, bis ich mir bewusst bin, dass dieses imaginäre nun brennende Streichholz die Verbindung zur Urenergie ist.

Dann entzünde ich damit – voll bewusst – die Definitionsbildflamme am Bergkristall. In meiner Vorstellung sehe ich, wie die frisch entzündete Flamme zu lodern beginnt und immer mehr an Kraft und Ausstrahlung gewinnt, bis der ganze Raum von ihrer Strahlung erfüllt ist. Das Bild gleicht dem Schein einer Kerze. Ich beobachte sie für eine Minute so bewusst wie nur möglich und bin mir sicher, dass sie die Energie des 4. Strahles in seiner ganzen Vollkommenheit ist. Hiermit ist die Grundenergie für die weitere Arbeit erschaffen. Jetzt folgt das Prägen dieser kristallinen Flamme. Ich stelle mir in der linken Hand einen hellblauen Glassturz vor, den ich über die lodernde kristalline Flamme stelle. Ich sehe in meinem Geist, dass die Strahlung der kristallinen Flamme jetzt hellblau ist und alle Unreinheiten, die in der Umgebung sind, in kleinen kristallinen Flammen, die kurz aufflackern, verbrennen. Ich spüre ein Knistern, das sich wie eine Welle durch den Raum ausbreitet und alle Unreinheiten in der Atmosphäre auflöst. Ich beobachte den Raum und warte, bis auch die letzte Unreinheit verbrannt ist. Wenn ich Edelsteine oder andere Objekte zu reinigen habe, werden sie jetzt der Reihe nach nahe an den vorgestellten Glassturz gehalten. Das hellblaue Licht durchflutet die Atomstruktur der zu säubernden Gegenstände und verbrennt alle Unreinheiten in kristallinen kleinen Flammen.

Als Abschluss entferne ich mit der rechten Hand den vorgestellten Glassturz und löse sein Bild durch das kurze Schließen der Hand, in der ich ihn in meiner Vorstellung halte, auf. Jetzt verbeuge ich mich im Sitzen kurz vor der kristallinen Flamme und danke ihr damit für ihre Hilfe bei meiner Arbeit. Dann blase ich sie voll bewusst wie eine Kerze aus und löse sie dadurch mit Hilfe meines Bewusstseins auf.

Anzahl der Ladungen: + + + + + + + + + + + + +

b. Einstudieren des Rituals

Ritual und Energiearbeit werden solange getrennt geübt, bis sowohl der Ablauf des Rituals, wie auch die Energiearbeit beherrscht werden.

c. Verbinden von Energiearbeit und Ritual

Ritual und Energiearbeit werden miteinander in der genauen Form des Rituals verbunden und gemeinsam durchgeführt. Dieser Punkt ist das eigentliche Laden des Rituals. Wie schon erwähnt, bekommt das Ritual mit jeder Anwendung mehr Kraft.

d. Kombiniertes Anwenden des Rituals

Ab jetzt wird, wenn es etwas zu reinigen gibt, immer das mit der Energiearbeit verbundene Ritual durchgeführt. Du wirst merken, dass diese kombinierte Form der Energiearbeit im Laufe der Zeit mit Ritual viel leichter geht als ohne Ritual. Wenn du die Kombination oft genug verwendet hast, kannst du probieren, ob das Ritual alleine schon genug Kraft hat, um die Energiearbeit selbständig durchzuführen.

Wenn ja, dann solltest du trotzdem immer wieder die Kombination von Ritual und Energiearbeit gemeinsam machen, um mögliche Schwächen in der Energiearbeit endgültig auszumerzen.

Übung 23

Erschaffe ein Energieritual für dich.

Übung 24

Erschaffe ein Erdheilungsritual.

14.1. Was ist Erdheilung?

In der Esoterik wird die Erde als ein Lebewesen behandelt, welches in einer Form die Mutter der Menschheit ist. Ihr Partner ist der Himmel, welcher der Vater der Menschheit ist. Mit Himmel ist der feinstoffliche Bereich des Universums gemeint. Der Mensch ist daher die Verbindung zwischen Himmel und Erde und sollte auch zwischen ihnen leben. Im Laufe der Jahrhunderte hat er aber vergessen, wo dieser Ort zwischen Himmel und Erde ist. Er beschränkte sich derzeit vorwiegend auf die Erde. Dadurch kam es und kommt es zu einer Disharmonie der Erde selbst. Die Menschheit sollte Mittler zwischen Himmel und Erde sein, ein Helfer des Austausches zwischen den beiden. Man kann auch sagen, der Mensch ist ein Produkt der Reaktion zwischen Himmel und Erde. Er ist der Ausgleich zwischen beiden Energien. Durch die Beschränkung auf die Erde ist die Harmonie derzeit nicht gegeben und daher ist sie zum Teil von der Energie des Himmels abgeschnitten. Seit einiger Zeit beginnen einzelne Menschen wieder, ihre Aufgabe des Austausches zu übernehmen, um die entstandenen Disharmonien auf der Erde zu lösen. Arbeite auch du mit, um die Erde zu heilen. Einige Tipps wo Energie benötigt wird: Die Atmosphäre gehört gereinigt und regeneriert - die Natur gehört gereinigt - die Lebewesen - sowohl die grobstofflichen wie auch die feinstofflichen - gehören wieder mit Urenergie versorgt.

15. Verschiedene Arten von Energieritualen

Wie schon erwähnt, gibt es bei der Erschaffung der Energierituale keine Einschränkung der Form. Hier einige Arten, um deine Phantasie anzuregen, neue Energierituale zu erschaffen.

15.1. Gruppenenergierituale

Bei Gruppenenergieritualen wird die Energie des Einzelnen um vieles verstärkt und dadurch auch das Ergebnis des Rituals. Ein typisches Beispiel für ein sehr großes Gruppenenergieritual war die Pfortenöffnung 11:11 von Solara in Ägypten. (11:11 Jenseits des Tores, Autorin: Solara, erschienen im ch. falk-verlag)

Jedes Energieritual kann als Gruppenritual gestaltet werden. Jeder, der an einem solchen Gruppenritual teilnimmt, sollte die Energiearbeit beherrschen.

15.2. Tanzenergierituale

Tanzenergierituale waren in allen Kulturen bekannt. Aus ihnen hat sich der Volkstanz entwickelt.

Typische Beispiele für Tanzenergierituale sind Regentänze und Sonnwendfeuertänze.

15.3. Gestikulationsrituale

Finger- und Handgestiken werden als Ritual verwendet. Als Beispiel die Begrüßungsrituale von verschiedenen Völkern. Achtung: Mudras sind keine Gestikulationsrituale sondern gehören zur Akupressur.

15.4. Räucherrituale

Im Mittelpunkt des Rituals steht das Räuchern. Die Energiearbeit wird mit der Form des Räucherns verbunden. Als Buchtipp „Botschaft an den Himmel“ von Susanne Fischer-Rizzi, erschienen bei Irisiana.

15.5. Feuerrituale

Das Feuer ist immer schon etwas Faszinierendes gewesen. Es wurde in vielen alten Ritualen in allen Kulturen verwendet; manchmal als Hilfsmittel und manchmal als Ritual selbst. Das Vorbereiten der Feuerstelle, die Art des verwendeten Holzes, das Schlichten des Holzes, das Entzünden des Feuers - das alles eignet sich wunderbar, um eine Vielzahl von Energieritualen zu gestalten.

15.6. Alltagsenergierituale

Alltagsrituale werden mit einer Energiearbeit verbunden. Zum Beispiel die Morgentoilette wird zum Heilungsritual.

15.7. Spiegelrituale

Den Spiegeln werden viele unterschiedliche Wirkungen nachgesagt. Von Heilwirkungen bis hin zu Durchgangspforten in andere Welten. Erforsche selbst die Kraft der Spiegel und die Möglichkeiten, um sie herum ein Ritual aufzubauen. Als Buchtipp, zwar etwas alt aber gut, „Die Macht der Spiegel" von Para Maya, erschienen bei, Esoterischer Verlag Bürstadt.

15.8. Sportrituale

Sport kann - gleich wie Alltagsangelegenheiten - gut als Ritual verwendet werden. Ein gutes Beispiel ist Sri Chinmoy, der Begründer der weltweiten Friedensläufe. (Sport und Meditation von Sri Chinmoy erschienen im Golden Shore Verlag)

15.9. Das Verbinden von gleichen Energieritualen

Gleich wie bei Gruppenenergieritualen, kann eine Verstärkung der Wirkung eines Energierituals erzielt werden, wenn mehrere Personen zur gleichen Zeit ein und dasselbe Ritual an verschiedenen Plätzen der Erde ausführen. Zwei Dinge sind hierbei wichtig. Erstens müssen die Zeiten gemäß der geographischen Position übereinstimmen, wenn die Beteiligten in unterschiedlichen Zeitzonen leben und zweitens muss vor dem Ritual eine Verbindung mit den anderen Beteiligten durch Meditation und Sammlung hergestellt werden.

15.10. Mondrituale

Der Mond und seine Phasen werden als Ritualmittelpunkt verwendet. Als Beispiel: von Neumond bis Vollmond nimmt etwas zu und von Vollmond bis Neumond etwas anderes ab. Hier wird jede Nacht, um die gleiche Zeit, die gleiche rituelle Handlung durchgeführt, die mit der Mondphase verbunden ist. Wichtig ist, dass dieses Ritual jeden Tag im Laufe einer Mondphase gemacht wird.

15.11. Gruppenrituale mit Naturwesen

Diese Art der Energierituale stammt aus dem Bereich der Druiden, wo Bäume als Wesenheiten in ein Energieritual miteingebunden werden. Es ist wichtig, vorher die Kommunikation mit Bäumen zu erlernen, um ihr Vertrauen und ihre Hilfe zu bekommen. Dann wird mit dem Baum oder den Bäumen, die für das Ritual ausgewählt wurden, das Ritual gemeinsam einstudiert.

16. Was ist Talismanologie?

Talismanologie ist die Kunst, Objekte herzustellen, die durch ihre Energie eine vordefinierte Wirkung erzielen. Der Glaube an Talismane und Amulette ist beinahe so alt wie die Menschheit selbst. Im Laufe der Zeit hat sich dieses Gebiet in zwei Hälften gespalten. In die der Glücksbringer und die der Talismane.

> Ein Glücksbringer ist eine artverwandte materielle Energie, welche durch den Glauben einer Person das Unterbewusstsein in eine gewünschte Richtung lenkt. Durch diese Lenkung des Unterbewusstseins auf ein gewünschtes Gebiet entsteht eine Kräfteverschiebung und dadurch eine Wirkung. Bekommt eine Person, die nicht daran glaubt, einen Glücksbringer, wird sie keine oder nur eine abgeschwächte Wirkung erzielen. Es ist ähnlich wie Mentaltraining.
>
> Ein Talisman ist ein Gegenstand, der durch Energiearbeit mit Energie aufgeladen wurde und durch Prägung dieser Energie eine spezielle Aufgabe hat. Er wirkt selbständig und unabhängig von der Einstellung der Person, die ihn trägt oder verwendet.

Die Gruppe der Talismane wird meist in viele Unterkategorien eingeteilt. Diese Einteilungen weichen oft stark voneinander ab. Aus diesem Grund möchte ich keine weitergeben, sondern nur die Art von Talismanen erklären, die direkt mit der bisher beschriebenen Energiearbeit zu tun haben und mit dieser auch hergestellt werden können. Ein Talisman ist also nichts anderes als ein geladener Gegenstand, der mit Hilfe von verschiedenen Techniken noch verstärkt und haltbarer gemacht wird.

17. Erschaffung eines Talismans

Bei der Erschaffung eines Talismans ist zu beachten:

> Talismane für zweite Personen werden direkt aus dem Kosmos geladen.
>
> Jeder Talisman sollte nur eine Aufgabe haben.
>
> Je öfter ein Talisman geladen wird desto stärker wird er.
>
> Talismane sollten, wenn nicht speziell dafür hergestellt, nicht im Schlaf getragen werden.
>
> Talismane können für manche Personen zu stark sein.

Bei der Herstellung können dem Talisman verschiedene Richtlinien gegeben werden. Seine Wirkung kann zeitlich begrenzt werden. Diese zeitliche Begrenzung kann wiederum einen Bezug auf die Zeitrechnung, aber auch einen Bezug auf seine zu erfüllende Aufgabe haben. Seine Wirkung kann auf eine Person begrenzt werden, aber auch allgemein jedem Träger zur Verfügung stehen. Seine Aktivierung kann permanent sein oder nur in definierten Situationen passieren. Diese definierten Situationen können auch bewusst ausgeführte Handlungen sein.

Das Material des Talismans

Bei der Wahl des Materials, aus dem der Talisman besteht, ist darauf zu achten, dass es eine artverwandte Energie ist. Oder zumindest keine gegenteilige Energie. Edelsteine und Schmuck eignen sich meistens sehr gut dafür. Vor der Verwendung muss der gewählte Trägerstoff gereinigt werden.

Das Tragen eines Talismans

Ein Talisman soll nicht unbedingt sichtbar für alle getragen werden. Durch seine Ladung verleitet er andere Personen, ihn anzufassen und das kann zu einer Störung seiner Wirkung führen. Die Position am Körper ist abhängig von der Wirkung des Talismans. Ein Talisman, der die Kommunikation unterstützen soll, wird zum Beispiel nahe am Hals getragen. Eine einfache und gute Methode, die Position eines Talismans am

Körper zu definieren, ist die Zuordnung seiner Wirkung zu den einzelnen Chakren und dadurch zu ihren Bereichen am Körper.

Aufbewahrung während der Herstellung

Selten wird ein Talisman in einem Arbeitsgang hergestellt. In den Pausen zwischen den einzelnen Arbeiten wird er in Seide gehüllt aufbewahrt, um ihn vor Fremdprägung zu schützen.

Die Etappen der Herstellung eines Talismans

a. Schriftliche Vorbereitung im Energietagebuch

b. Vorbereitung des Trägerstoffes (der grobstoffliche Teil des Talismans)

c. Verbindung des Trägerstoffes mit den Richtlinien des Talismans

d. Ladung des Talismans

e. Verwendung

a. Vorbereitung im Energietagebuch

Datum: 27.09.2003 - 27.12.2003

Art der Energiearbeit: Herstellung eines Talismans für mich mit dem Zweck, schneller lernen zu können.

Richtlinien des Talismans: Er wirkt nur auf mich, ist zeitlich unbeschränkt und benötigt zur Aktivierung ein kleines Ritual.

Verwendeter Trägerstoff: Naturgoldtopas

Reinigungsmethode: Ritual

Verwendete Energie: 2. Strahl

Prägungsbild: Ich selbst, wie ich den Inhalt eines Buches durch bloße Berührung erlerne und auch verstehe.

Aufbewahrung des Talismans: im Seidentäschchen

Aktivierungsritual: Ich ziehe mit dem Talisman dreimal eine liegende Achterschleife in der Luft und halte ihn dann kurz an meine Stirn. Während des Lernens lege ich ihn zwischen mich und den zu lernenden Stoff. Nach dem Lernen lege ich ihn zurück in das Seidentäschchen.

Anzahl der Ladungen: XXXXXX

b. Vorbereiten des Trägerstoffes

Der Trägerstoff wird mit einer dir gängigen Methode gereinigt. Die einfachste ist unter fließendem, kaltem, klaren Wasser, die wirksamste ist ein gut einstudiertes Ritual.

c. Verbindung des Trägerstoffes mit den Richtlinien des Talismans

Die Richtlinien sind eine Grundprägung des Trägerstoffes. Der Trägerstoff als Energie wird gleich geprägt, wie jede andere Energie auch. Als Prägungsbild kann in diesem Fall das Aktivierungsritual selbst genommen werden.

d. Ladung des Talismans

Die Ladung besteht aus dem Erschaffen der gewählten Energie und dem Stauen dieser Energie im Trägerstoff, bis dieser in deiner Vorstellung hell zu leuchten beginnt. Um die Energie des Talismans immer gleichmäßig stark zu halten, wird während der Aufladung ein Definitionsbild miteinbezogen, welches den Talisman für immer mit der verwendeten Energie verbindet. Dieses Bild soll bewirken, dass die Energie bei Bedarf selbständig nachfließen kann. Als Bild könnte das eine Art von Urenergieleitung sein, welche mit einer Pumpe versehen ist und die Urenergie durch das Energiedefinitionsbild hindurch in den Trägerstoff pumpt. Wichtig ist, bei jeder Ladung das gleiche Bild zu verwenden. Ist der Trägerstoff aufgeladen, dann wird er, wie gelernt, mit dem Prägungsbild geprägt.

> Bereits nach der ersten Ladung hat der Talisman Kraft und versucht, seine Aufgabe zu erfüllen.
>
> Nach dem zehnten Mal Laden hat der Talisman soviel Kraft, dass er sich bereits wirklich bemüht, seine Aufgabe zu erfüllen.
>
> Und nach dem hundertsten Mal Laden ist er sich sicher, seine Aufgabe zu erfüllen.
>
> Nach dem tausendsten Mal Laden hat er möglicherweise Angst, seine Aufgabe durch Überladung bald nicht mehr erfüllen zu können.

Beobachte mit deinen entwickelten Sinnen den Fortgang der Ladung, um die optimale Dosierung zu finden. Es kann auch passieren, dass ein Talisman zu stark wird und der Träger zum Beispiel Brandspuren wie bei starkem Sonnenbrand bekommt. In diesem Fall wird der Talisman ein bisschen entladen. Zum Entladen drehst du den Vorgang des Ladens um. Mit einiger Übung, bekommst du schnell das nötige Feingefühl für das Laden von Talismanen.

e. Verwendung

Die Verwendung ist jetzt eine klare Angelegenheit!!

Übung 25

Erschaffe dir einen Talisman.

Viel Erfolg bei Deiner Energiearbeit!!